SOUVENIRS

DE

MON VOYAGE A CHAMONIX

PARIS

IMPRIMERIE DE L. TINTERLIN ET Cᵉ

rue Neuve-des Bons-Enfants, 3.

SOUVENIRS

DE

MON VOYAGE

A CHAMONIX

PAR M. JULLIEN.

————— o◉o —————

PARIS

IMPRIMERIE DE L. TINTERLIN ET C^o

RUE NEUVE-DES-BONS-ENFANTS, 3

—

1862

Je sais qu'on ne doit pas fatiguer le lecteur par un long et ennuyeux préambule ; aussi je me serais abstenu de toute espèce d'avis préalable, laissant aux lecteurs, si je dois en avoir, le soin de décider si mes *Souvenirs de Chamonix* ont quelque mérite, et si j'ai atteint le but que je me suis proposé de leur faire connaître des localités qui m'ont paru satisfaire la curiosité, et de leur faire part de mes impressions quoique s'éloignant souvent du sujet ; mais je dois dire pourquoi, malgré leur peu d'importance, je les fais réimprimer. Amené à en parler dans ma dernière brochure, cela m'a procuré l'honneur de recevoir un grand nombre de lettres par lesquelles, en m'adressant des félicitations que je ne mérite sans doute pas, et des observations critiques dont j'ai essayé de faire mon profit, on me demande avec une aimable insistance ces *Souvenirs*, et comme il ne m'en reste plus d'exemplaires, les ayant fait tirer à un très-petit nombre, et qu'il y avait d'ailleurs plusieurs corrections et changements à y faire, je me suis décidé, pour répondre au désir qui m'est exprimé, à les faire réimprimer, sans entendre les publier et les remettre à d'autres qu'à quelques parents et amis.

JULLIEN.

Maupertui (Yonne), janvier 1862.

SOUVENIRS

DE

MON VOYAGE A CHAMONIX

———— ❦ ————

I

AUTUN ET CHALONS

En août 1845, mon fils venait de terminer son droit, et ma fille aînée venait de quitter, pour n'y plus rentrer, sa pension. Ils arrivèrent en même temps de Paris. Après quelques jours consacrés à la famille et aux causeries intimes, si attrayantes et si naturelles lorsqu'on a été longtemps séparé, ils me témoignèrent le désir de faire un voyage, et me dirent comme le pigeon de La Fontaine :

> .....Quiconque ne voit guères...
> N'a guère à dire aussi...

et avec le comte Xavier de Maistre dans son *Voyage autour de ma Chambre* :

« Le désir éternel et jamais satisfait de l'homme n'est-il
« pas d'augmenter sa puissance et ses facultés, de vouloir

« être où il n'est pas, de rappeler le passé et de vivre dans
« l'avenir. »

Voyager ! c'est le moyen, tout en se procurant une agréable distraction, de s'instruire et d'orner sa mémoire ; c'est le
complément indispensable de toute bonne éducation.

J'eus beau dire : le temps de s'ébattre et de courir les
champs n'est pas arrivé, le prétoire n'est pas encore fermé ;
est-ce que vous vous ennuyez au logis ? qu'est-ce qui vous
oblige à changer de climat ? quelle force vous pousse,
quel charme vous attire ? vous êtes encore bien jeunes ; at-
tendez et vous retirerez plus de fruits de vos pérégrina-
tions ; — je fus amené à donner mon consentement. Les
dispositions furent bientôt faites ; une petite malle et un sac
de nuit composèrent tout notre bagage : nous nous trouvâmes bien de cet arrangement.

Au moment de partir, je fis cette réflexion à mes jeunes
compagnons de voyage : vous connaissez Paris, rien n'est
plus grand ni plus beau ; tout ce que l'on peut désirer,
Paris le renferme ; c'est le centre où tout vient aboutir et
où les autres villes viennent payer leur tribut : aucune
ville du monde ne peut lui être comparée ; Lyon même, la
seconde ville du royaume, ne ressemble en rien à Paris ; ce
qu'il possède de plus beau, Paris l'a beaucoup plus magnifique ; c'est donc ne pas savoir voyager que de s'arrêter
trop longtemps dans une ville : tant grande et tant curieuse
soit elle, vous n'y verrez rien que vous n'ayez déjà vu à
Paris. Sachez que Paris est grand comme Londres, régu-
lier comme Saint-Pétersbourg, joyeux comme Vienne (A) ;
luisant et sain comme La Haye, monumental comme
Rome (B) ; aussi Paris vous suivra partout comme le plus

(A) Voir à la fin du volume.
(B) Voir à la fin du volume.

admirable des mondes connus et comme ne supportant aucune comparaison ; vous chercherez vainement ailleurs cette affluence d'étrangers, cette vie, ce mouvement, toutes ces distractions et toutes ces curiosités qu'offre la capitale du beau pays de France. Ce que je vous dis là, je l'ai éprouvé dans le peu de voyages que j'ai faits ; j'avais hâte de sortir des villes où je passais, je m'y ennuyais, je répétais en me promenant ce vers de *Ruy-Blas* :

> Ah ça! mais on s'ennuie horriblement ici.

J'éprouvais le besoin de voir autre chose et d'arriver au but. Les capitales de second ordre sont, pour la plupart, mornes et silencieuses. On rapporte qu'un touriste, après avoir visité Bruxelles, dit : « C'est une grande et belle ville qui a un air un peu flamand par son hôtel de ville et ses pignons sur rue ; mais je ne l'aime pas, car elle est si propre qu'on ne sait où cracher, et elle est si tranquille que je m'y ennuie. » Examinons, en passant, l'ensemble d'une ville, son site, sa physionomie, ses monuments, ses alentours, son industrie, rien de mieux ; mais entrer dans les détails, c'est même détruire le charme et l'impression favorables causés par l'ensemble. Laissons à d'autres le soin d'aller à Pékin savoir comment on salue, de dire quels mets on mange dans d'autres villes, et quels sont la couleur et le costume de certains peuples. Il y en a même qui font l'inventaire des boutiques de Stamboul et de ce qu'elles contiennent, qui calculent exactement les mètres de colonnades et de statues, et qui visitent les Lieux saints pour s'assurer de l'emplacement exact et des localités précises de Bethléem et de Golgotha.

> De telles gens il est beaucoup
> . . . .

> Et qui, caquetant au plus dru,
> Parlent de tout et n'ont rien vu.

Ce qui atteste, en effet, une fièvre de voyages bien singulière, c'est qu'il y a des personnes qui, n'ayant jamais quitté leur coin du feu, voulant voyager au moins en imagination dans le pays de leurs rêves, publient résolument, comme Miss Plinbey, le récit d'un voyage qu'elles désiraient faire.

Ce que nous devons aller chercher, nous, c'est une autre nature, les montagnes, les torrents, la glace et la neige au mois d'août. Vous êtes jeunes, c'est une belle étude à faire.

> ..... C'est moi qui vous le dis,
> Pour savoir quelque chose il faut l'avoir appris.

—C'est tout ce que nous désirons, me dirent mes jeunes amis.— Eh bien ! partons, et prenons la route du Morvand qui a bien son importance et son intérêt.

> ..... Quiconque a beaucoup vu,
> Peut avoir beaucoup retenu.

Le 14 août, nous partîmes de Clamecy. La diligence du soir, que nous attendîmes à Lormes pour nous conduire à Autun, se trouva complète : c'était mal débuter. Cependant, M. le commandant du génie Per.... et un négociant de la rue Saint-Denis qui occupaient avec une autre personne le coupé, voyant le désappointement de mes enfants, eurent l'extrême obligeance de nous offrir, à ma fille et à moi, leurs places ; ils montèrent avec mon fils sur la banquette. Nous arrivâmes à minuit à Château-Chinon, capitale du Morvan, et nous fîmes par un beau clair de lune un tour dans la ville avec les autres voyageurs. Le lendemain à six heures du matin nous étions à Autun. Nous ne devions en partir qu'après midi ; c'était tout ce qui nous fallait pour visiter cette ancienne Bibracte des Éduens.

La ville est située en face d'une plaine ceinte de tous côtés par des montagnes qui bornent la vue. La cathédrale est sur le point culminant d'une colline dont la pente est très-rapide ; elle est d'architecture gothique et remarquahle par l'élévation de son aiguille, par la décoration du chœur en marbre rare, et par le portail principal, qui est couronné d'un très-beau zodiaque. Sur la place près de ce beau monument, il y a une fontaine dont on admire la grâce et l'élégance, et qui est surmontée d'un pélican aux ailes déployées. Plusieurs monuments entourent une place très-vaste : l'Hôtel-de-Ville, le Collége et la Salle de spectacle. Il y a un Musée dont les salles sont peu garnies; un tableau, dont le principal personnage est le général Changarnier, représente un des nombreux faits d'armes de notre brave arméé d'Afrique. Nous vîmes aussi le Palais-de-Justice, le Temple de Janus, l'Amphithéâtre, les trois portes dont la principale, celle d'Arou, est aussi la plus belle et la mieux conservée ; elle fait l'entrée d'un faubourg on ne peut plus laid. Nous entrâmes par celle de Saint-André. Dans la nouvelle rue Changarnier on ne voit que des murs et des jardins, ce qui me rappelle ce que Voltaire, dans une lettre à madame de Choiseul, lui disaît plaisamment en lui parlant de Versoix près Coppet :

> Envoyez-nous des Amphions (1).
> Sans quoi nos peines sont perdues.
> A Versoix nous avons des rues,
> Mais nous n'avons pas de maisons.

(1) Amphion eut de Niobé 7 fils et 7 filles.

Autun était la capitale de la république des Éduens et portait le nom de Bibracte quand Jules César en fit la conquête. La sagesse de son gouvernement, la puissance de ses armes et la célébrité de ses écoles lui valurent l'amitié des Romains qui lui donnèrent le titre de *soror et œmula Romœ :* cependant Bibracte se souleva avec le reste des Gaules et fut asservie par César après la sanglante bataille d'Alise où combattirent 35,000 Éduens : là finit sa gloire. Accablés d'impôts et de vexations, les Éduens ayant tenté de se soulever, la ville fut incendiée et les États de la république convertis en provinces romaines. Auguste rétablit un grand nombre de monuments, et, en reconnaissance, la ville prit le nom d'*Augustodinum*, d'où Autun.

D'Autun à Châlons nous vîmes en passant plusieurs petites villes ; au moment d'entrer à Châlons nous traversâmes les travaux du chemin de fer, et la diligence faillit verser, tant la route était retrécie et encombrée par les mouvements de terrain.

Nous arrivâmes à 5 heures du soir dans cette ville qui est très-belle, dans un site agréable, au milieu de prairies, de champs fertiles, de vignes et à l'embouchure du canal du Centre. La Saône la sépare du faubourg Saint-Laurent auquel elle communique par un superbe pont de cinq arches dont les piles sont garnies de contreforts surmontés d'obélisques ; elle fut visitée par plusieurs empereurs romains et plusieurs fois ruinée. Châlons possède plusieurs monuments ; la jolie place de Beaune est entourée d'allées garnies d'arbres : au centre il y a une magnifique fontaine qui verse ses eaux dans un bassin au milieu duquel s'élève un piédestal surmonté d'une statue de Neptune. Les quais et les hôtels qui les bordent sont magnifiques ; il y avait assemblée et par conséquent beaucoup de mouvement.

De l'hôtel du Parc où nous étions descendus, nous voyions très-bien les deux bateaux à vapeur qui devaient partir le lendemain. A 5 heures du matin, nous montâmes sur le vapeur l'*Hirondelle*. Le temps était beau, et le soleil levant dorait et égayait des paysages qui, dans notre course rapide, semblaient venir à nous et fuir ensuite pour faire place à d'autres.

M. le commandant Per..., avec lequel nous continuâmes de voyager jusqu'à Lyon, reconnut dans le bateau deux officiers qu'il avait laissés en Afrique lorsqu'il en partit pour rentrer en France.

Sur les rives de la Saône et en amphithéâtre, nous vîmes à droite Tournus, dont les deux clochers ressemblent à deux monolithes ; cette ville était autrefois un village des Éduens : saint Valérien y fut martyrisé ; — Mâcon, renommé pour ses bons vins, est situé sur le penchant et au pied d'un coteau ; nous n'apercevions que la pointe de ses édifices ; — Romanèche et St-Georges, villages dans un territoire fertile en vins de 1re qualité ; — Villefranche, qui était autrefois la capitale du Beaujolais, est bien bâti. Il y a peu de séjours plus agréables que Villefranche ; les femmes, dit-on, y sont belles, vives et spirituelles, et la nature déploie dans les environs toutes ses richesses ; vues pittoresques, champs fertiles, riants coteaux, châteaux superbes et jolies maisons ; — et à gauche, Trévoux, sur le penchant d'une colline qui domine une vaste plaine. Le fameux dictionnaire de Trévoux y fut composé par une célèbre maison de jésuites.

L'élégant chapeau et le joli corsage bariolé des Mâconnaises ne se voient plus guère que dans les fantaisies des peintres ; plusieurs Mâconnaises étaient sur le rivage et dans le bateau, et aucune d'elles n'avait l'ancien costume local.

DE LYON A GENÈVE

Plus nous approchions de Lyon, plus l'impatience de mes enfants était grande. Le désir de voir cette grande ville ne leur permettait pas de contempler le beau et le riche paysage qui depuis Châlons se déroulait devant nous.

Arrivé à midi à Lyon, je me procurai de suite un cicerone qui nous fit parcourir la ville en nous faisant voir tout ce qu'il y avait de curieux, sans oublier les faits historiques et les anecdotes qui s'y rattachaient.

Lyon est l'une des plus anciennes, des plus riches, des plus considérables villes de France. Du haut du clocher de Fourvière la vue s'étend sur toute la ville. On ne regrette pas le temps employé et la fatigue éprouvée pour monter cette longue côte : le panorama de Fourvière vaut à lui seul le voyage de Lyon. La situation de la ville est magnifique ; la plus grande partie se trouve resserrée entre le Rhône et la Saône et est dominée par des hauteurs qui sont couvertes de verdure et de bastions : elle a peu de régularité et l'intérieur offre un aspect sombre par l'élévation des

maisons et par ses rues resserrées, tortueuses et escarpées ;
mais les édifices le long des quais et dans le voisinage
des places Bellecour et des Terreaux sont magnifiques.
Tout donne la plus haute idée de l'opulence de cette
vaste ville. La cathédrale St-Jean est flanquée de quatre
tours carrées richement sculptées dans l'une desquelles est
une cloche du poids de 18,000 kilog. ; deux galeries à ba-
lustrade en pierre et taillées à jour règnent dans toute la
longueur de la façade : l'élévation des voûtes, la multipli-
cité des colonnes, la beauté des vitraux, etc., font l'admiration des visiteurs.

Il y a une multitude d'autres églises. L'hôtel de ville,
l'un des plus beaux de France, a une tour de 50 mètres, qui
est couronnée par une coupole. Les quais et les ponts,
sans être très-beaux, offrent de tous côtés des points de
vue pittoresques et variés. La façade de l'Hôtel-Dieu, sur le
quai du Rhône, présente une étendue de 325 mètres. La
place Bellecour est l'une des plus grandes et des plus belles
de France ; celle des Terreaux n'est pas moins belle ; les
musées sont réunis dans le Palais des Arts sur cette dernière place. Il y a beaucoup de beaux tableaux, mais,
comme dans la plupart des musées de province, perdus
dans la foule des mauvais. Pourquoi les chefs-d'œuvre
n'auraient-ils pas une place réservée, comme au Louvre,
dans le salon carré ?

A l'extrémité du faubourg de Perrache, la Saône fait sa
jonction avec le Rhône ; là commence le chemin de fer de
St-Etienne ; on entre de suite dans un tunnel.

Lyon, la plus riche ville de France par son commerce
et par ses belles et nombreuses fabriques, qui fournit à l'uni-
vers des tissus de soie de la plus délicate élégance et de la
plus exquise fraîcheur, est cependant une des plus malpropres de France ; par les chaleurs on est dans un nuage

de poussière, surtout sur les quais ; les rues où le soleil pénètre peu sont constamment boueuses, et le pavé en petites pierres est difficile pour les personnes qui n'y sont pas habituées. (1)

Nous partîmes de Lyon pour Genève, à 8 heures du soir. Cette manière de voyager économise du temps, et, par les grandes chaleurs, vous préserve un peu de la poussière.

En quittant le département du Rhône, nous vîmes Nantua : cette ville est située au milieu d'une gorge des plus sauvages, entre deux montagnes, sur le bord d'un lac dans lequel on pêche d'excellentes truites ; Châtillon et Bellegarde, où nous déjeunâmes ; en sortant de ce dernier endroit nous aperçûmes une hôtellerie qui avait pour enseigne : *A la perte du Rhône*, ce qui piqua notre curiosité ; nous en eûmes bientôt l'explication, et nous fîmes arrêter à temps la voiture. En effet, au-dessus de Bellegarde et rapproché de la route, nous vîmes le Rhône entrer et se perdre entièrement dans un gouffre pour ne reparaître qu'à une certaine distance. De Saussure en donne cette explication : « Le Rhône, dit-il, coulant dans un lit profondément

(1) Ce tableau, vrai à l'époque où j'écrivais ces lignes (1845), ne l'est plus aujourd'hui. Depuis un peu moins de dix ans que j'ai revu Lyon, il a subi une transformation si merveilleuse qu'on a peine à le reconnaître : tout y est changé. La rue Impériale et la rue de l'Impératrice font circuler maintenant l'air et la lumière dans ses faubourgs noirs et populeux ; les quais sont élargis, les places métamorphosées en squares. Des oasis de verdure ou des gerbes d'eau jaillissante, parmi des massifs de fleurs, ornent la place de Bellecour. A l'extrémité de la ville, un parc déroule au bord de ses rivières ses vertes pelouses garnies de fleurs, de chalets, de serres et de parc aux biches, etc.

Nota. Presque tous les autres renvois et la plupart des notes sont postérieurs à la première impression de ces *Souvenirs*.

« creusé dans des terres argileuses, rencontre un fond de
« rochers calcaires dont les bancs horizontaux s'étendent
« par dessus les argiles. Le Rhône pénètre dans ces rochers
« beaucoup plus avant que dans les terres ; il les a même
« creusés au point de se cacher et disparaître complète-
« ment. C'est là ce qu'on appelle la perte du Rhône. »

Le lit de la Valserine, qui est à peu de distance, paraît
plus intéressant ; ses eaux disparaissent dans des crevasses
au fond desquelles elles mugissent avec fracas et disparaissent pour se perdre de nouveau.

Peu de jours après notre passage, je lus dans les jour-
naux qu'un jeune homme, après avoir fait passer un peu
au-dessus du gouffre, une jeune personne qui se rendait
à Collonges pour y faire quelques emplettes, pour n'avoir
pas eu la précaution de fixer son bateau en attendant le
retour de cette jeune personne, avait été entraîné par le
torrent et, malgré les secours que des personnes accourues
à ses cris de détresse avaient essayé de lui porter, en lui
jetant des cordes et en lui tendant des perches, avait été
englouti dans le gouffre avec son embarcation.

Le fort l'Écluse, que nous traversâmes ensuite, en passant
par une porte qui fait face à la route et sur un pont élevé
au-dessus d'un précipice, est bâti sur l'escarpement d'une
montagne presque à pic, au pied de laquelle coule le
Rhône. Au-dessus de cet ancien fort, et très-rapproché du
sommet de la montagne, on construit un autre fort. La
route contourne à moitié de son élévation la montagne ;
elle est taillée en plusieurs parties dans le roc ; l'œil plonge
avec effroi dans le précipice, et, chose étonnante! pour faire
ce trajet, les chevaux continuent d'aller à fond de train.
Sur la rive gauche du Rhône est une montagne presque
aussi élevée et aussi escarpée dépendante des États-Sardes.

Nous arrivâmes bientôt à Colonge, où il y avait fête et

assemblée, et nous apercevions à notre droite plusieurs montagnes très-élevées. La neige dont le sommet était couvert jetait beaucoup d'éclat.

La neige brille aux monts sans insulter la plaine.

Saint-Genis, dans le Jura, est à douze kilomètres de Genève : de ce hameau à Genève, où nous arrivâmes à cinq heures du soir, le pays est charmant et la terre bien cultivée. On commence à apercevoir çà et là les chalets. Les belles vaches suisses paissent dans d'abondants pâturages ; tout annonce le voisinage d'une ville riche et commerçante ; la vaste campagne qui l'entoure est peuplée d'habitations on ne peut plus gracieuses. Les montages sont couvertes de forêts toujours vertes ; on y rencontre les plantes les plus rares, depuis le gigantesque épicéa jusqu'au plus humble graminée, des insectes aussi variés que la nature qui les nourrit, et un lac immense dont les eaux réfléchissent le bleu du ciel.

Genève est d'un aspect agréable : cette ville est bâtie au centre d'un bassin, là où le lac Léman finit et où le Rhône commence à reprendre son cours. Les quais sont très-beaux, et les maisons qui les bordent sont d'une belle construction. Une petite île, à laquelle on arrive par un pont superbe, divise le Rhône en deux parties ; c'est dans cette île qu'on a élevé une statue à J.-J. Rousseau. Par ses belles plantations, ses allées bien disposées et sa vue délicieuse sur le lac, elle est le rendez-vous de tous les promeneurs et de tous les étrangers ; on y donne des concerts. La teinte bleue, la limpidité et le mouvement des eaux du lac et du Rhône, font l'admiration des voyageurs, et donnent un air de vie et de fraîcheur à cette partie de la ville qui borde le lac : aussi on aime à passer et à repasser sur les ponts qui sont très-beaux.

Les rues qui avoisinent les quais sont larges et régulières et les maisons bien bâties ; il y a de très-beaux magasins. En face le Rhône et le lac, les hôtels sont superbes ; ils sont, dans la belle saison, toujours pleins d'étrangers.

En s'éloignant des quais, la ville perd cet aspect gracieux. Les maisons et les rues ne sont plus aussi bien ; les rues sont étroites et montueuses ; les maisons, si elles sont plus haut placées, ne sont plus aussi élevées ni aussi bien bâties. Les fonctionnaires et les notabilités de la ville habitent cette partie qui est aussi tranquille, pour ne pas dire triste, que la partie avoisinant les quais est gaie et animée. C'est le quartier de l'aristocratie nobiliaire, car il y en a jusque dans les républiques ; c'est comme une plante parasite qui prend racine partout.

La France même, encore palpitante d'une révolution populaire, sous l'empire de laquelle elle se trouve (1) ne voit-elle pas les ambitieux de toute espèce mendier des titres de noblesse ? Faite pour anéantir le despotisme et les priviléges, cette révolution semble n'être plus qu'un marche-pied pour arriver à la fortune et aux honneurs ; chacun veut obtenir des distinctions, être noble ou se faire passer pour tel, sans considérer sa valeur personnelle : tous les moyens pour cela sont bons. A aucune époque des deux restaurations, les prétentions à la noblesse ne se sont aussi hautement manifestées. Sous l'Empire, ceux qui ont aujourd'hui cette faiblesse, étaient humbles ; sous les gouvernements de Louis XVIII et de Charles X, on n'aurait pas souffert ces allures de mauvais aloi ; maintenant l'indifférence des vrais nobles leur donne un libre cours. La satire de Boileau, les épigrammes vives et mordantes de Beaumarchais ne les touchent pas : on a cru les frapper de ridicule

____

(1) J'écrivais ces lignes en 1845.

et les faire tomber en abolissant la peine (C) contre les usurpateurs de titres et de noms; l'impunité n'a fait que les en-
hardir. Pour arrêter ce débordement et cette manie du
temps, une instruction ministérielle est venue recommander
aux fonctionnaires publics, et surtout aux officiers de l'état
civil, de ne donner la particule qu'à ceux qui y ont droit, et
qu'autant que cette particule précédera le nom de famille
et non celui de fantaisie.

Le dernier des Courtenai, si célèbre dans l'histoire, qui
habitait à trois lieues de Tonnerre le château de Tanlai,
n'avait qu'un oncle qui était dans les ordres, et qu'une
sœur qui épousa Louis de Beaufremont et prit au contrat le
titre de princesse du sang. Ce titre fut retranché de l'acte
par arrêt du Parlement du 7 février 1737.

Si de nos jours les tribunaux étaient appelés à retrancher
des actes les particules, les noms et les titres usurpés, que
de décisions ils auraient à rendre !

Un peu plus tard, Duclos écrivait : « Le peuple a pu gagner à l'abaissement des seigneurs : ceux-ci ont encore
plus perdu; mais il est plus avantageux à l'État qu'ils aient
tout perdu que s'ils avaient tout conservé. Si l'on s'avisait
aujourd'hui de faire la liste de ceux à qui l'on donne ou
qui s'attribuent le titre de seigneur, on ne serait pas embarrassé de savoir par qui la commencer; mais il serait
impossible de marquer précisément où elle doit finir. On
arriverait jusqu'à la bourgeoisie, sans avoir distingué une
nuance de séparation. Tout ce qui va à Versailles croit
aller à la Cour et en être. »

Il semble que ceci ait été écrit de nos jours. Il n'y a
que très-peu de mots à changer.

Il y a peu d'années, dans le Morvand, un jeune homme

(C) Voir à la fin du volume.

d'une famille honnête, mais sans titre et porteur d'un nom qui n'était allongé ni d'un nom d'emprunt ni précédé d'une particule, rechercha en mariage la fille d'une personne qui avait allongé son nom et pris la particule, et avait à ce moyen des prétentions à la noblesse ; il obtint sa main, et dans le contrat de mariage, le notaire, soit pour flatter la vanité de ses clients, soit parce qu'on l'exigea, eut la faiblesse d'inscrire en 1re ligne, mettant ainsi la charrue devant les bœufs, le nom de la future avec la particule devant le nom usurpé ; les personnes qui l'assistaient eurent aussi la particule : la présence du futur avec son véritable nom fut ensuite constatée, ainsi que celle de son modeste entourage.

Dans une multitude de localités où il n'y avait pas, même avant 89, un seul noble (D), où tous les rangs étaient confondus, où il n'y avait d'autres distinctions que celles du mérite ou de l'éducation, on voit maintenant surgir une foule de fanfarons de noblesse à qui on n'aurait pas donné autrefois le nom de gentillâtre ou de hobereau, qui se rendent réciproquement le service d'apprendre à des personnes, à qui cela importe peu, que tel d'entre eux est d'une bonne et surtout d'une ancienne famille et que tel autre a de la naissance ; qui prennent des airs aristocratiques (1), qui simulent les grands airs de l'ancien régime et une bouderie contre le gouvernement de Juillet ; qui, de dépit de n'être pas blasonnés par d'Hozier ni placés dans le *Nobiliaire français*, accumulent dans des lettres de faire part ou, lorsqu'ils perdent un proche, sur une pierre tumulaire, des qualités et des titres jusqu'alors ignorés.

(D) Voir à la fin du volume.

(1) Rivarol, dont la noblesse passait pour équivoque, ayant dit un jour : *Nous autres gentilshommes*, quelqu'un fit cette réponse piquante : voilà un pluriel qui peut paraître singulier.

La vraie noblesse, celle qui a rendu d'éminents services à son pays, qui a payé avec distinction sa dette à la patrie, et qui a obtenu du souverain des titres de noblesse; la noblesse, même héréditaire, qui se rappelle que noblesse oblige, qui porte dignement le titre qui lui a été transmis en servant, à son tour, son pays et en se soumettant à ses lois, rit de ces ridicules prétentions (E) ; elle dédaigne ces fanfarons qui s'inclineraient devant elle si elle s'en laissait approcher ; plus modeste, elle garde le silence ; elle sait bien d'ailleurs que le prestige attaché à la noblesse a entièrement disparu depuis 89. Dans ce déluge de prétentions et en attendant que cette fièvre soit passée, elle s'occupe de travaux utiles ; elle ne croit pas déroger en se livrant à ces travaux ; elle surveille ses propriétés, au lieu d'en laisser le soin à un intendant qui ne faisait autrefois que ses propres affaires. Aussi ce que dit Molière quelque part, que la coutume chez nous ne veut pas qu'un gentilhomme sache rien faire, ne signifie plus rien.

M. le vicomte de Laboulie, M. le baron Dutheil, etc., occupent un rang élevé dans l'élite du Barreau ; plusieurs nobles ont même apporté le concours de leurs talents et de leur fortune dans des entreprises industrielles et de commerce. Il y en a bien aujourd'hui comme autrefois qui tendent la main à l'industrie, seulement pour augmenter une fortune trop modeste ou y réparer les brèches faites par les guerres, le jeu et les plaisirs ; mais c'est le petit nombre. On peut dire aussi que la noblesse ne dédaigne plus les beaux arts ; elle s'y adonne avec plaisir : peut-on en effet trouver un passe-temps plus doux, plus agréable ? « Les beaux-arts, dit Jules Janin, sont la consolation et le « charme de la vie. Depuis qu'il n'y a plus de distinction

(E) Voir à la fin du volume.

« héréditaire, depuis que tout homme est obligé de se faire
« à lui-même sa propre noblesse, l'art est devenu chez
« nous une grande noblesse. Après la vertu, le talent est
« la plus grande supériorité qui soit entre les hommes.

« Le roi de France en exil n'est plus un roi que de nom.
« Un grand peintre en exil, M. Ingres, par exemple, reste
« toujours le même grand peintre, tout-puissant par le ta-
« lent. L'aristocratie du talent vaut celle de la naissance et
« c'est justice. La haute position du génie est inexpugna-
« ble et incontestée dans notre société si frivole.

Ceux qui n'ont à la noblesse que des prétentions que rien
ne justifie ne secouent pas aussi facilement ces préjugés;
ils se croient des êtres privilégiés et pétris d'un autre li-
mon que leurs semblables.

III

ÉLEUTHÉRIE

Un livre qui rentre un peu dans cet ordre d'idées, c'est *Eleuthérie*, poëme en 12 chants avec des notes (par un homme d'esprit et d'un grand savoir, qui ne veut être connu que sous ce nom, par l'auteur des *Nuits*), livre étrange, livre curieux, profond, plein d'inégalités et de contrastes, d'un style vif et spirituel, semé de traits ingénieux et de fine ironie ; brumeux comme un ciel d'automne, lumineux comme une aurore boréale, tantôt embaumé comme un frais jardin, tantôt envahi pas des odeurs suspectes comme un laboratoire de chimie. La conduite de l'ouvrage est excellente, la versification facile, et les notes, en général, très-remarquables et qu'on ne peut séparer du poëme sans lui faire perdre de sa clarté et de son mérite. Pourquoi donc ne pas signer une œuvre honorable ? est-ce caprice ou coquetterie ? Si je n'avais entendu dire que l'auteur devait faire réimprimer *Éleuthérie* avec d'autres ouvrages inédits, je me bornerais à ces courtes réflexions. Toutefois, bien persuadé qu'il (F) fera quelques corrections à *Éleuthérie*, qui renferme d'ailleurs tant de beautés, je crois entrer dans ses vues en signalant quelques pensées qui me paraissent fausses ou exagérées : lui-même a pressenti qu'elles choqueraient celles reçues dans la société, car dans sa préface il dit : *Je sais bien que je serai seul de mon avis.*

On se demande d'abord si l'auteur a bien réfléchi à ce passage : « Les classes distinguées en France ne seront « bientôt plus composées que d'hommes d'affaires, de no- « taires et de procureurs. Avec cela il faut renoncer à la « délicatesse et aux arts. »

Mon Dieu ! les avocats, les avoués et les notaires, nous le savons très-bien, ne sont, pas plus que les autres fonc- tionnaires, à l'abri de critiques et de cet esprit de dénigre- ment qui animent certaines personnes. Ceux qui vivent dans une oisiveté qui leur est souvent à charge, aiment peu ceux qui travaillent et qui réussissent, de même que ceux qui, par de fausses spéculations ou autrement, ont perdu leur fortune et ont maille à partir avec la justice, détestent tout ce qui y tient, comme si le Barreau n'était pas le foyer lumineux vers lequel convergent toutes les jeunes intelligences, et comme si on ne savait pas qu'à Rome on commençait toujours par la robe, ce qui n'était exclusif ni de la délicatesse ni de l'amour des arts. Il est difficile de convaincre les esprits prévenus ; il faut savoir prendre son parti de pareils travers.

Ceci n'est point une récrimination, car notre anonyme a des talents qui l'occupent beaucoup, et il possède une

(F) Voir à la fin du volume.

grande fortune dont il ne fait à la vérité aucun usage : on ne peut pas dire non plus qu'il se traîne à la remorque de certains écrivains dont le métier de tout rabaisser va quelquefois jusqu'à la calomnie ; son esprit d'indépendance bien connu repousse une pareille idée : alors on se demande comment lui, si honnête et si poli dans le commerce de la vie, a pu écrire le passage que nous venons de rapporter, surtout lorsqu'on se rappelle certain acte important et honorable de sa vie qui semble le contredire.

Sans doute il a, ce qu'il n'est pas donné à tout le monde d'avoir, des mœurs polies, un caractère chevaleresque, il excelle en délicatesse et en bonnes manières. On ne comprend pas en France qu'un homme ait l'étoffe de plusieurs autres ; notre anonyme doit faire revenir de cette opinion : loin d'être spécialiste, il réunit les talents les plus divers ; il est poëte, littérateur, médecin, musicien, etc., il cultive les arts ; cependant il n'excelle pas dans la peinture.

« Les lettres, continue l'auteur d'*Éleuthérie*, ne convien-
« nent qu'à un petit nombre de personnes. Rendre le
« peuple savant, c'est-à-dire, faire qu'il ne soit plus peu-
« ple, c'est une erreur qui ne peut entrer que dans la tête
« d'hommes qui ne connaissent ni l'esprit humain, ni le
« monde, ni les passions. «

Je croyais que la nécessité de l'instruction générale ne se discutait plus, et qu'on avait répondu aux objections les plus sérieuses. Je ne veux ici rappeler que la principale : le fils de l'artisan ou du laboureur, disait-on, si son instruction s'élève, ne suit pas la condition de son père ; on répondait avec raison : la cause en est à l'ignorance qui règne dans le milieu où il serait placé ; il la suivrait s'il y trouvait son niveau intellectuel.

L'instruction convient à toutes les classes et dans toutes

les conditions (1); elle produit et élève l'homme de génie dont le talent autrement resterait enfoui ; elle sert à honorer les professions, à n'en dédaigner aucune et à ne pas rougir de celle de ses aïeux.

Lorsque Cincinnatus fut nommé dictateur, ne le trouvat-on pas conduisant la charrue, et lorsqu'il eut vaincu l'ennemi, ne reprit-il pas ses travaux ordinaires ? Est-ce que l'empereur de la Chine n'ouvre pas chaque année la terre en traçant des sillons ? Le peintre Rembrandt conduisait le moulin de son père, et Van-Dick celui de sa maîtresse ;

Briffaut était fils d'artisan, et il entra dans le monde par la porte d'honneur, par celle qui n'est jamais fermée au talent, à la courtoisie, à la dignité personnelle. Le chimiste Vauquelin était fils d'un paysan, et Thénar fils d'un laboureur; notre anonyme est fils d'un financier, s'il eût suivi la

(1) Le besoin de l'instruction se fait si bien sentir, qu'à Clamecy, sous les yeux de notre anonyme, il y a une école primaire dirigée par les frères de la Doct. chré. et dont le nombre d'élèves va chaque année croissant. Il y en a maintenant près de 300 qui reçoivent gratuitement une bonne éducation. Ce progrès s'explique. Les Frères sont tout à tous ; ils ne sont distraits ni par la famille ni par le désir de faire leurs propres affaires ; ils inculquent à leurs élèves des principes religieux dont la société a si besoin et leur apprennent l'ordre et l'obéissance. Cependant il est question de les remplacer. Ce serait un malheur pour les familles. Ces pauvres cosmopolites, habitués, comme le soldat, à obéir à un chef, partiront à moins qu'ils n'ouvrent une école libre à l'expiration de leur engagement (sur l'avertissement de leur supérieur qu'ils ont prévenu de la mesure que la rumeur publique leur a appris avoir été prise contre eux), sans avoir besoin de recourir à Bailly, sans plainte ni murmure, avec le seul regret de n'avoir pu faire encore plus de bien qu'ils en ont fait. Ils n'oublient pas qu'ils sont

...... Du monde où les plus belles choses
Ont le pire destin.

condition de son père, nous aurions un financier de plus, un poëte, un littérateur, un artiste, un homme aimable de moins. De nos jours, Arsène Houssaye, que son père voulait faire avocat ou notaire, préféra conduire la charrue : à la vérité il faisait plus de vers que de sillons. (1) Il ne quitta la charrue que pour conduire le moulin de son père.

> En voyant ces œillets qu'un illustre guerrier
> Arrose de la main qui gagna des batailles,
> Souviens-toi qu'Apollon bâtissait des murailles,
> Et ne t'étonne pas que Mars soit jardinier.

Voltaire n'allait pas aussi loin que notre anonyme ; il ne demandait que quelques ignorants pour faire valoir ses terres, et, dans une lettre à Damilaville, il disait : « Il me « paraît essentiel qu'il y ait des gueux ignorants. Si vous « faisiez valoir comme moi une terre, et si vous aviez des « charrues, vous seriez bien de mon avis. » Mais Voltaire s'est souvent servi de son génie pour attaquer tout ce qui a droit au respect et à l'admiration des hommes, et, reniant le nom plébéien de son père, il tranchait du grand seigneur et dédaignait le peuple : aussi lorsqu'on étudie les grands hommes, il ne faudrait les imiter que dans ce qu'ils ont de bien. Au surplus, son intérêt personnel, qu'il met en jeu, prouve bien que son opinion n'a rien de sérieux.

« Elevez donc le peuple, dit autre part notre auteur, et « ne l'instruisez pas ; il n'est pas nécessaire que le peuple « sache lire ; il n'a besoin ni de correspondants ni de li- « vres-journaux. »

(1) Les obstacles ne sont rien contre les facultés naturelles qui font les grands hommes. La persévérance et l'étude rompent toutes les barrières que l'on oppose aux nobles instincts.

Elever le peuple et ne pas l'instruire cela paraît difficile , c'est marcher et ne pas avancer. En effet, élever et instruire expriment la même idée : élever c'est instruire, donner de l'éducation. Il va lui-même nous l'apprendre dans le passage suivant.

« Les prêtres, dit-il, se recrutent maintenant à la queue « de la charrue. On les élève avec soin ; cependant aucun « homme supérieur ne s'élève parmi eux. Les paysans ont « généralement la tête dure.. »

Ne semblerait-il pas que la science et les talents sont le privilége exclusif d'une certaine classe, et innés avec elle, comme si le contraire n'était pas démontré, comme si nos diverses assemblées, les guerres de la révolution et de l'Empire, n'avaient pas fait surgir les hommes les plus illustres, et qui ont étonné le monde entier, bien que sortis pour la plupart d'une classe où les priviléges étaient inconnus ?

Ceci me rappelle un bon mot de Piron, à qui un jeune auteur demandait son avis sur un ouvrage de sa composition, et qui en reçut une réponse peu favorable. Cependant, lui dit le jeune présomptueux, je suis le frère de M. le comte N.. qui fait des ouvrages qui sont estimés. Cela ne m'étonne pas, lui répondit Piron, j'ai bien moi un frère qui n'est qu'une f... bête.

« Montaigne dit à cet égard : si nous considérons un « paysan et un roi, un noble et un vilain, un magistrat et « un homme privé, un riche et un pauvre, il se présente « soudain à nos yeux une extrême disparité qui ne sont « différentes par manière de dire qu'en leurs chausses... »

« Aucune chose ne s'estime que par ses propres quali- « tés. Nous louons un cheval de ce qu'il est vigoureux, « non de son harnais, pourquoi de même n'estimons-nous « un homme par ce qui est sien ? Il a un grand train, un

« grand palais, tant de crédit, tant de rente, tout cela est
« autour de lui, non en lui. Vous n'achetez pas un chat en
« poche : si vous marchandez un cheval, vous lui ôtez ses
« hardes, vous le voyez nu et à découvert. Pourquoi esti-
« mant un homme, l'estimez-vous tout enveloppé et empa-
« queté; il ne vous fait montre que de parties qui ne son
« aucunement siennes. »

Les prêtres se recrutent maintenant ! ce qui veut dire
qu'on les engage dans le sacerdoce malgré eux, comme le
jeune homme qu'on fait soldat malgré lui. Je ne connais
qu'un seul homme, le moine Paulinien, révéré par ses
vertus, qui fut fait prêtre malgré lui (1) par saint Epiphane,
évêque de Chypre.

Voici comment s'y prit le saint, c'est lui-même qui le
raconte : « Pendant qu'on célébrait la messe, nous l'avons
« fait saisir par plusieurs diacres et lui avons fait tenir la
« bouche de peur que, voulant s'échapper, il ne nous adjurât
« par le nom du Christ. Nous l'avons d'abord ordonné
« diacre et l'avons sommé par la crainte qu'il avait de

---

(1) Il est cependant vrai de dire qu'autrefois les cadets de famille, privés de l'héritage paternel, prenaient les ordres, forcés qu'ils
étaient par leurs parents qui redoutaient des mésalliances. C'est
de cet indigne abus que se plaignait un religieux même, l'éloquent
Père Porée, en mettant dans la bouche des enfants ces vers éner-
giques :

> Pères cruels et parricides,
> Arrêtez un coupable effort.
> Songez que vous êtes les guides,
> Non les maîtres de notre sort.
> Vous pouvez nous montrer la route
> Où nous devons porter nos pas :
> La raison veut qu'on vous écoute,
> Mais conduisez, ne forcez pas.

« Dieu d'en remplir l'office ; il résistait fortement, sou-
« tenant qu'il était indigne. Il a fallu presque le contraindre.
« Nous lui avons de nouveau fait tenir la bouche avec une
« extrême difficulté, et nous l'avons ordonné prêtre. »

Il importe peu que *les prêtres se recrutent à la queue de la charrue ;* car ce n'est pas seulement sous le manteau, mais aussi sous la veste que se trouvent nos Socrates et nos Epictètes, formés qu'ils sont, dit Voltaire, à cette science sublime de l'Evangile, à laquelle on parvient lors même qu'on n'a pas l'esprit assez étendu pour étudier les hautes sciences.

Au surplus l'humilité de la naissance convient aux ministres d'un Dieu qui fut l'humilité même, à ceux qui sont chargés de conserver les dogmes de sa religion, de propager sa morale et d'administrer ses bienfaits. Est-il bien convenable, d'ailleurs, pour démontrer leur obscurité, de les faire descendre de ceux qui exercent la plus belle, la plus honorable et la plus utile des professions ?

Sans doute, le séjour au seminaire ne corrige que faiblement le défaut d'une bonne éducation domestique, et il y aurait peut-être de l'inconvénient à lancer de jeunes ecclé siastiques du séminaire dans le monde dont ils ne connaîtraient pas les usages, aux habitudes et au langage duquel ils doivent cependant, s'ils veulent atteindre plus facilement leur but, se conformer, lorsqu'ils n'ont rien de contraire à la religion. Aussi les évêques ont bien soin de leur faire faire un noviciat, pour ne pas dire un apprentissage du monde, auprès de curés cantonnaux qui leur font bientôt prendre une bonne direction, leur rappelant qu'ils doivent édifier tout le monde par le bon exemple de leur vie, éviter les familiarités et se rendre irrépréhensibles, et qui, connaissant les inconvénients d'un costume mondain que l'on adopte bientôt dans les villes, ou trop négligé que l'on prend trop facilement dans les campagnes, leur commandent de porter toujours et partout la livrée de leur état, dont l'aspect rappelle dans tous les cœurs une pensée de Dieu et commande le respect.

Notre auteur se dit obscur, sans appui et du parti des simples paysans : fausse modestie ! il ne souffrirait pas, et il aurait raison, qu'on lui dise de pareilles choses. Mirabeau, pour se populariser, abdiqua tous ses titres : ses domestiques crurent entrer dans ses idées en le traitant sur le pied de l'égalité. « Apprenez, marauds, leur dit-il, que je suis toujours pour vous le comte de Mirabeau (1). Notre anonyme ne tiendrait pas un langage aussi hautain : au paysan qui lui tendrait la main, il se contenterait probablement de retirer modestement la sienne ; mais enfin il a une grande réputation ; il est parfaitement connu ; il est lancé dans le monde ; il n'a pas besoin d'appui, et, comme il n'a pas la *tête dure*, il n'est pas du parti des paysans. Les paysans, d'ailleurs, ne sont pas des hommes de parti ; ce sont pour la plupart de bons cultivateurs qui, sans vues politiques, respectent les gouvernements établis et n'en sont pas plus malheureux, car les passions politiques font négliger le travail, les devoirs envers la famille et la société, et créent des ennemis.

AUTRE CITATION.

La naissance, d'un trait, marque à chacun sa place.

. . . .

Le reste dont la faim poursuit les pas agiles,
Occupe ses loisirs à des travaux utiles.

(1) Voilà bien les hommes. C'est pour exciter les mauvaises passions, ou dans un intérêt personnel, ou pour faire parade de talents oratoires, qu'ils se jettent sans conviction dans tel ou tel parti ou qu'ils ont un pied dans chaque camp. On croit se ménager ainsi des ressources pour soi et les siens au moment des révolutions et du danger.

En vérité, si notre auteur n'était pas un homme de bien, connu par ses bons sentiments, son livre pourrait étonner et blesser profondément une classe intéressante de la société. Bons et mauvais, grands et surtout petits, il flagelle tout le monde, critique toutes les institutions, ne reconnaît rien et n'admet rien depuis la révolution de 89. (Cette révolution nous a cependant coûté assez cher pour n'en pas conserver les avantages et le bien qu'elle a produit). Tout, dit-il, a disparu avec l'ancienne société, c'est-à-dire, qu'il justifie bien ces vers de Boileau :

La vieillesse chagrine. . . . .
. . . .
Marche en tous ses desseins d'un pas lent et glacé,
Toujours plaint le présent et vante le passé.

Nous sommes habitués à toutes les excentricités : celui-ci croit que la fin du monde arrivera demain ; celui-là attend un nouveau Messie; notre auteur veut faire table rase et nous reculer de quelques siècles pour rattraper le bon vieux temps. Il emploie toujours le mot peuple dans un sens restreint, et il le compose à sa manière ; il n'admet pas que tous les hommes soient égaux devant la loi et que nous faisons tous partie de cette multitude d'individus appelée peuple. Pour lui, le peuple, ce sont les travailleurs, les hommes de peine. D'autres vont plus loin, et, dans un sens injurieux et même odieux, se permettent de dire : petit peuple, menu peuple, bas peuple, populace. C'était autrefois : vilains, manants, roturiers. Il n'y a que des noms changés. Est-ce que le peuple de Dieu ne comprenait pas tous les Israélites? Est-ce que Jésus-Christ, notre maître à tous et notre divin modèle, n'est pas né dans une crèche ? Est-ce qu'il n'a pas eu, pour adorateurs, des bergers aussi bien que des Rois mages ? Les bergers, ces hommes simples et pauvres, furent mêmes les premiers admis à adorer le Sauveur du monde, qui fut lui-même pauvre et qui poussa l'humilité jusqu'à se faire baptiser par saint Jean et à laver les pieds de ses apôtres. — Aujourd'hui que le peuple a grandi en intelligence et en dignité, il ne peut être traité comme autrefois la plèbe de Rome. Notre anonyme dira-t-il qu'il a été entraîné par la force de la rime, on lui répondra : Que n'écriviez-vous en prose? Le talent de la poésie est rare et beau, mais il est plus agréable qu'utile. Les Espagnols disent qu'il faut être sot, pour ne pas savoir faire deux vers, et fou pour en faire quatre. Platon, malgré sa sagesse, ne sut pas trouver à quoi utiliser les poëtes dans sa république, et il se vit obligé de les bannir de la société comme des êtres inutiles et même dangereux.

Les productions des grands poëtes qui font depuis long-temps la gloire des nations qui les ont vu naître, protestent contre Platon et contre le proverbe espagnol : il ne faut rien outrer.

Plus donc de ces distinctions, de ces noms abjects et de ces termes de dédain. Sans doute, il existera de tous temps des espèces sociales, comme il y a des espèces zoologiques. Il y aura toujours des inégalités de classes et de conditions ; des pauvres et des riches ; des travailleurs ou hommes à profession et des bourgeois, des nobles qui. ayant rendu d'éminents services à l'État, en ont reçu ce titre, et des personnes non titrées, quoiqu'ayant des sentiments élevés, ce qui n'est pas une moindre noblesse : tous n'ont pas reçu la même instruction, tous n'ont pas le même talent et le même esprit, ce qui fait que chacun choisira toujours sa société parmi les personnes de sa connaissance et de son mérite, et qu'il aura des rapports plus fréquents avec certaines personnes plutôt qu'avec d'autres (G), mais

(G) Voir à la fin du volume.

nous n'en sommes pas moins tous de la même famille :
Nous venons également au monde sans rien apporter,
sinon le germe de nos passions, et nous en partons sans
rien emporter, sinon le même compte à rendre au Père
éternel.

Sub lege libertas, cette devise si belle et si rassurante de
M. Dupin, l'illustre successeur de Merlin à la Cour de cas-
sation, ne trouve pas grâce devant notre anonyme; c'est,
suivant lui, un mot sans valeur. En se livrant à une pareille
critique, il prétend démontrer, ou est tenté de le croire,

> Que c'est être savant que trouver à redire,
> Qu'il n'appartient qu'aux sots d'admirer et de rire,
> Qu'en n'approuvant rien des ouvrages du temps
> Il se met au-dessus de tous les autres gens.

Sans doute aussi, sa critique se fût portée, s'il se le fût
rappelé, sur cet admirable passage du discours sur l'histoire universelle de l'évêque de Meaux, que la devise de
M. Dupin ne fait que résumer d'une manière si énergique.

« Le fond d'un Romain, pour ainsi parler, était l'amour
« de la liberté et de sa patrie; une de ces choses lui faisait
« aimer l'autre. »

« Sous ce nom de liberté, les Romains se figuraient, avec
« les Grecs, un état où personne ne fût sujet que de la loi,
« et où la loi fût plus puissante que personne. »

Dans son humeur chagrine, notre misanthrope ne trouve
rien de bien. Suivant lui, la société actuelle est une véritable cour du roi Pétaud. Il attaque tout ; il veut tout détruire, sans indiquer ce qu'il veut mettre à la place ; c'est
assez commode. On serait tenté de lui dire, comme Philinte
à Alceste :

> Mon Dieu ! des mœurs du temps mettons-nous moins en peine,
> Et faisons un peu grâce à la nature humaine ;

Ne l'examinons point dans la grande rigueur,
Et voyons ses défauts avec quelque douceur ;
Il faut parmi le monde une vertu traitable ;
A force de sagesse on peut être blâmable ;
La parfaite raison fuit toute extrémité,
Et veut que l'on soit sage avec sobriété.

. . . .

Et c'est une folie à nulle autre seconde
De vouloir se mêler de corriger le monde.

Diogène aussi avait une triste opinion des hommes ; il faisait la critique de leurs lois, de leurs sentiments, de leurs mœurs, et, sous un extérieur humble, il laissait apercevoir de l'orgueil et de la malice. J'engage notre anonyme à laisser Diogène dans son tonneau avec sa besace, son bâton et son écuelle, et à ne pas imiter ses boutades.

A l'entendre, c'est la pire de toutes les choses que l'éducation pour le peuple, que la richesse pour le peuple ; il veut que, pressé par la faim, il soit forcé de se livrer continuellement à des travaux qui, autrement, manqueraient de bras.

« Plus vous aurez de connaissances, dit-il, plus vous « aurez moyen de vous égarer ; les écoles ne servent qu'aux « médiocrités. »

Donner de l'instruction au peuple, quelle folie ! notre auteur seul connaît ses besoins, et nos gouvernants n'y entendent rien.

Les connaissances que donne l'éducation ne font qu'égarer. Quel paradoxe ! C'est la thèse contraire qu'il fallait soutenir, et les faits n'auraient pas manqué pour l'appuyer : en effet, ne sait-on pas que les enfants sans éducation, qui ignorent leurs devoirs, et dont les parents sont pauvres et insouciants, se corrompent de bonne heure, deviennent inhumains et cruels, s'abandonnent facilement au vagabondage, et commettent des crimes et des délits qui les font traduire devant la justice qui les retient même en cas d'acquittement. Chaque année, le nombre de ces enfants qui peuplent les prisons, loin de diminuer, s'augmente toujours : beaucoup d'entre eux sont entièrement perdus. La cause de ce désordre, de cette plaie de la société, est connue, et, à cet égard, voici ce que disaient, le 23 janvier 1842, MM. les directeurs de la colonie de Mettray, bien compétents en cette matière : « La conduite de nos enfants prouve qu'ils étaient moins coupables en enfreignant des devoirs qu'on leur avait laissé ignorer, que la société qui négligeait de les instruire. »

Ne venez donc plus nous dire qu'il n'est pas nécessaire d'instruire le peuple; l'homme policé et instruit, même à demi, est meilleur et plus doux que l'homme à l'état de nature. L'instruction est le seul moyen de le moraliser, de lui apprendre ses devoirs, en un mot de le rendre honnête et d'améliorer sa condition. (H)

On devrait même propager le goût de la musique dans les masses comme tendant surtout à adoucir les mœurs. L'un des meilleurs moyens serait l'enseignement obligé du chant dans toutes les écoles primaires. Il y a des organisations qui n'attendent que l'occasion pour développer leurs talents et faire d'excellents élèves, et d'une humble école on peut voir sortir le virtuose illustre et la cantatrice applaudie qui feront plus tard les délices du public. Dans les pays les plus sauvages, on trouve partout des hommes qui emploient les chansons pour exprimer leur joie ou leur douleur. Les Chinois chantent quand ils sont le plus affligés.

Tyrtée, fameux musicien grec, enflammait, en chantant, d'une ardeur guerrière ceux qui l'entendaient.

Notre anonyme qui ne voit rien de bien que ce qui se

(H, Voir à la fin du volume.

passe dans les autres États, qui blâme tout ce qui se fait et se passe en France, qui rejette tous les bienfaits de la révolution, tels que l'abolition des priviléges, l'égalité des conditions, l'aptitude aux emplois, et, par dessus tout, l'uniformité des lois et l'éducation publique, s'est-il bien rendu compte, pour ne parler que de ces deux derniers points, de la multitude et de la différence des lois qui régissent chaque localité, et de ce qu'est maintenant l'éducation dans les divers établissements de l'Europe ? D'abord, et relativement à l'uniformité des lois et à la division territoriale, sans vouloir étendre nos observations à cet égard, ne parlons que de l'ancienne province du Nivernais où il est né. Ce qui y avait lieu se rencontrait, et souvent avec plus de bizarrerie, dans les autres provinces.

Son territoire, qui forme maintenant le département de la Nièvre, était soumis à trois juridictions ecclésiastiques : les évêchés de Nevers, d'Autun et d'Auxerre ; à trois juridictions civiles : la pairie de Nevers, le bailliage de Saint-Pierre-le-Moutier et le bailliage d'Auxerre ; il dépendait de quatre généralités : Moulins, Bourges, Orléans et Paris. Le Donziais dépendait du bailliage d'Auxerre ; les élections de Nevers et de Château-Chinon étaient de la généralité de Moulins ; l'élection de Clamecy, de la généralité d'Orléans, et l'élection de La Charité de la généralité de Bourges ; enfin Corbigny était dans l'étendue de l'élection de Vézelay qui relevait de la généralité de Paris. Il y avait même cela de particulier pour Lorme, c'est que cette ville étant traversée par un ruisseau qui coule sur la grande place, était pour la rive droite de l'élection de Vézelay, et pour la rive gauche de l'élection de Château-Chinon.

« Plaisante justice, dit Pascal, qu'une rivière ou une mon-
« tagne borne. Vérité en deçà des Pyrénées, erreur au
« delà. »

Le Nivernais avait une coutume particulière qui a été conservée avec commentaire par Guy-Coquille ; cependant le pays de Donzy était régi par la coutume d'Auxerrre, et la ville de La Charité par celle de Lorris-Montargis : dans le silence de la coutume de Nevers, celle de Paris faisait le droit commun.

Dans ce dédale on plaidait pendant plusieurs années pour savoir quelle juridiction connaîtrait d'une affaire. Conçoit-on une pareille bizarrerie? c'est cependant cet ancien état de choses que semble regretter l'auteur d'Eleuthérie.

Terminons sur ce point par une citation, qui vient à l'appui de ce que nous venons de dire :

« Le sol, dit M. Mignet, était divisé en provinces enne-
« mies, les hommes étaient distribués en classes rivales...
« Le peuple ne possédait aucun droit. A cet ordre abusif,
« la révolution en a substitué un plus conforme à la justice
« et plus approprié à nos temps. »

Quant à l'éducation, qu'il sache donc, si nous pouvons au moins le rassurer sur ce point, que, dans le progrès, la France n'est malheureusement qu'en onzième ligne ; il n'y a, en effet, qu'un habitant sur dix-sept qui reçoit de l'éducation en France, tandis qu'en Suisse et dans le Wurtemberg, il y a un habitant sur six.

En Bavière.	1 sur 7.
Dans le Duché de Bade. .	1 sur 8.
En Prusse	1 sur 9.
En Ecosse	1 sur 10.
En Bohème.	1 sur 11.
En Hollande. -	1 sur 13.
En Moravie.	1 sur 14.
En Angleterre.	1 sur 16.

On le demande! Ces pays sont-ils plus malheureux parce

que leurs habitants reçoivent plus d'éducation qu'en France? Non, sans doute. Voyez la Suisse dont les institutions, très-anciennes, reçoivent peu de commotions, n'éprouvent presque pas de changement. Le peuple de l'Helvétie est riche, heureux et libre ; tous ceux qui voulurent envahir son beau pays eurent à s'en repentir. Demandez plutôt aux Bourguignons et aux Autrichiens (1).

Notre anonyme ne voudrait pas que l'éducation en France fût comme en Russie, d'un sur 948. Ce ne peut être là, nous en sommes bien persuadés, le bonheur qu'il souhaite à ses compatriotes ; pourrait-on leur dire : Soyez serfs comme les paysans russes : là est le bonheur.

Heureux serfs, en effet, qui, ne sachant ni lire ni écrire, ne possédant rien, sont dans la dépendance d'un maître qui, au gré de ses caprices et de son humeur, les traite aussi durement que les animaux, et les vend, suivant ses besoins, comme une annexe de son domaine, comme un immeuble par destination.

Après avoir dit que l'instruction était inutile pour le peuple, notre auteur s'attaque au mode d'instruction.

Il déclame surtout contre l'instruction en commun où il ne voit que dangers et les plus graves inconvénients. Les pensionnats de demoiselles le font frissonner ; il blâme les mères d'y envoyer leurs filles ; il les rend responsables des malheurs dont elles sont menacées. D'après sa manière de voir, il semble que

> . . . . . Une femme en sait toujours assez.
> Quand la capacité de son esprit se hausse
> A connaître un pourpoint d'avec un haut de chausse.

(1) Les Prussiens auraient pu aussi nous dire leur mot à cet égard, si le Congrès de Paris n'avait arrêté l'élan de la Suisse en maintenant l'intégrité de son territoire.

Les lettres, dit-il, ne conviennent point aux femmes, en ce qu'elles les sortent de leur condition qui est une condition de dépendance. Bien peu de personnes partageront une pareille opinion, et, à cet égard, il suffit de rappeler ce que dit, avec autant d'éloquence que de vérité, Charles Nodier :

« Par quel malheur se fait-il que toutes les institutions
« relatives à l'éducation des femmes manifestent si expli-
« citement, je rougis de l'avouer l'insolent dédain que
« nous professons dans notre orgueil pour leur intelli-
« gence et leur raison ? Ne semble-t-il pas que nous ayons
« voulu leur faire expier ces avantages extérieurs qui en
« font presque une espèce au-dessus de l'homme, en ré-
« primant l'essor de leur génie et en coupant les ailes de
« leur âme.

« Les femmes émancipées par le christianisme étaient
« rentrées dans les priviléges de leur admirable nature ;
« elles apparurent à l'horizon du moyen-âge comme des
« anges tutélaires. Le druidisme les avait élevées au sa-
« cerdoce, la chevalerie leur conféra la souveraineté...
« Elles firent les héros et les poëtes. »

Parmi les Quakers où règne une parfaite égalité, les femmes ne sont point regardées comme inférieures aux hommes ; le Quaker prétend que l'éducation qu'a reçue sa femme la rend capable de s'occuper de tous les objets, même de ceux que les autres hommes s'approprient à eux seuls, et que les mariages quakers sont les plus unis et les plus heureux du monde.

« Les femmes, dit Shéridan, nous gouvernent, tâchons
« de les rendre parfaites ; plus elles auront de lumières,
« plus nous serons éclairés. De la culture de l'esprit des
« femmes dépend la sagesse des hommes. Si l'instruction
« se prend dans les colléges ou les pensions, l'éducation se

« prend près des femmes. Le maître donne le savoir, la
« femme le savoir-vivre. » (1)

Les femmes *ainsi rentrées dans les priviléges de leur admirable nature*, disons quelques mots sur l'instruction en
commun.

Si l'éducation publique avait autrefois ses inconvénients,
l'éducation particulière avait aussi son écueil et ses lacu-
nes; mais maintenant il est reconnu, et tous ceux qui se
sont occupés de l'instruction de la jeunesse maintiennent
que l'émulation n'existe pas dans un cours d'étude solitaire; l'âme n'a point de ressort; l'esprit, constamment se-
vré des véhicules de l'amour-propre, s'accroupit et s'en-
dort; il n'y a ni palmes à disputer, ni honneurs à briguer,
le travail est pâle et sans saveur, l'élève accomplit ses devoirs avec la rectitude d'une horloge et se livre à ses leçons
comme à une tâche inévitable; point de tempêtes, point de
beaux jours; mais aussi point de naufrages et point de fa-
tales heures dans l'éducation domestique. C'est une néga-
tion continuelle du bien et du mal; c'est un milieu sans
peines, sans plaisirs, et, par conséquent, sans poésie; on
glane quelques connaissances superficielles, mais on ne
moissonne rien de solide. Cela est vrai surtout pour les fil-

(1) Fénelon dit qu'il serait bon que les femmes connussent quelque chose des lois, et Mlle Lavenue, passant de la théorie à la pratique, vient de fonder à Auteuil une chaire de droit appliqué aux
diverses situations de la femme, et l'auditoire féminin suit les cours,
avec un empressement qu'on n'attend pas toujours d'un sexe élevé
dans la pratique des frivolités de la mode. En Angleterre il y a une
association volontaire pour l'avancement des sciences sociales, dont
la présidence est dévolue à lord Brougham. Les femmes sont ad-
mises à y faire des communications, et elles en usent. L'éducation,
l'économie sociale et l'hygiène publique excitent particulièrement
leur sollicitude.

les : au contraire, la vie de collége ou des pensions est
l'apprentissage de la vie humaine ; elle donne la santé au
corps et à l'âme, les seuls sentiments vrais et durables
qu'elle éprouve en traversant la vie. Les amitiés de collége
ou de pension sont les seules qui ne trahissent pas : l'éducation solitaire ne forme point l'être social. Au collége, chacun sent qu'il faut se faire comprendre de ses égaux, par
des mœurs faciles et naturelles ; de ses supérieurs, par la
docilité, par la droiture de l'esprit. On apprend l'autorité de
l'opinion, le besoin de l'estime d'autrui, emploi et contrôle
de soi-même, le danger des flatteries de l'amour-propre, la
paix des conseils sages, la nécessité de se faire des amis,
surtout de les bien choisir ; la résignation des mécomptes
dans les vœux, dans les espérances, dans les affections
mêmes. Les âpretés de l'égoïsme sont brisées et contraintes
de se prêter aux mutuelles concessions, aux échanges de
bons offices. Les bizarreries des humeurs et des caractères,
les caprices et les enivrements de l'orgueil présomptueux
se corrigent par l'impitoyable gaieté des critiques. On y
trouve l'égalité des devoirs sous la règle commune de l'ordre et du travail, le plaisir des louanges qui ne sont pas
une adulation de la complaisance intéressée ou de l'amour-
propre aveugle, mais un jugement d'une bienveillante im-
partialité.

Montaigne, envisageant cette vie sous un seul point de
vue, dit :

« C'est une opinion d'un chascun que ce n'est pas raison
« de nourrir un enfant au giron de ses parents : cette amour
« naturelle les attendrit trop et relasche, voire les plus sa-
« ges ; ils ne sont capables ni de châtier ses fautes ni de le
« voir nourri grossièrement comme il faut et lazardement ;
« ils ne le sauraient souffrir revenir suant et pouldreux de
« son exercice, boire chaud, boire froid. Qui en veut faire

« un homme de bien, sans doute il ne le faut espargner en
« cette jeunesse. »

A ces avantages de l'éducation en commun, ajoutons
comme complément cet autre passage de Duclos : « Nous
avons tous dans le cœur des germes de vertu et de vices ;
il s'agit d'étouffer les uns et de développer les autres. L'é-
ducation seule peut atteindre ce but; elle devrait être générale, uniforme, et préparer l'instruction qui doit être
différente suivant l'état, l'inclination et la disposition de
ceux qu'on veut instruire. L'instruction est la culture de
l'esprit et des talents. »

Rien de plus rationnel et de mieux déduit. Ces quelques
lignes suffisent pour satisfaire les esprits les plus difficiles.

Est-ce à dire pour cela qu'on doive considérer l'éducation domestique comme inutile ? Nullement. L'une n'exclut
pas l'autre; elles peuvent concourir; elles ont chacune
leur importance : l'éducation domestique apprend les pré-
venances, les égards, la douceur, la politesse, la modestie,
la distinction des manières, les bonnes traditions, les droits
et les devoirs envers la famille et la société, et les bons
rapports avec tous. Une personne bien élevée est celle qui
joint l'instruction qui ne peut se bien apprendre que dans
les pensions ou les colléges, à l'éducation que nous venons
d'esquisser et qui ne s'apprend bien que chez les parents.
L'éducation domestique donne des vertus et des principes ;
l'instruction donne de la science et des talents.

Il y a à Paris, et seulement, je crois, à Paris, des cours
professés par des savants, et où des mères, admirables de
dévouement, conduisent leurs filles une ou deux fois par
semaine ; l'éducation y est on ne peut plus grande, et cela
se conçoit ; les jeunes personnes sont interrogées non-seu-
lement en présence de leurs camarades, mais encore en
celle de leurs mères.

Contre le sentiment de tous, notre anonyme fait l'éloge des prisons de Venise connues sous le nom du Puits et des Plombs ; il veut que la richesse soit héréditaire ; il soutient que c'est le commerce qui multiplie les pauvres ; il ne veut pas que la richesse puisse s'étendre, et, à cet égard, il dit qu'il est de maxime qu'il vaut mieux qu'une ville s'abîme qu'un gueux s'enrichisse. Un autre avait dit, avant lui : « Périssent les colonies plutôt qu'un principe. » Les beaux esprits se rencontrent.

Le progrès fait, en un mot, peur à notre auteur ; et, dans sa misanthropie, il fustige tout. Hommes et choses passent par ses verges. Nous allons nous démoraliser avec l'instruction, les richesses, les inventions, sans exclure les chemins de fer (I) (il voudrait peut-être pouvoir encore aller à Paris par le coche d'Auxerre, et faire 10 lieues en 24 heures). A l'entendre, la fin du monde approche. Sauvez-vous ! sauvons-nous ! Qu'allons-nous devenir ? et que va devenir Éleuthérie !

Cette digression nous a un peu éloigné de Genève ; il est temps d'y rentrer.

(I) Voir à la fin du volume.

IV

ENCORE GENÈVE

On ne va guère à Genève que pour visiter le Mont-Blanc ou le château de Ferney. Ce château, qui produit des cannes et des perruques que l'on vend aux curieux, et surtout aux Anglais, est dans ce moment en adjudication.

Genève, dont la population est à peine de 30,000 âmes, y compris les étrangers toujours en grand nombre, forme le 22e canton dans la Confédération helvétique. Quoique Voltaire ait pu dire : « Quand je secoue ma perruque, je poudre toute la république, » Genève a produit plus d'hommes distingués qu'aucune autre ville de l'Europe. La forme de son gouvernement est une démocratie représentative : un Grand Conseil, composé de députés, exerce le pouvoir législatif, vote les impôts, bat monnaie, fait les traités et nomme les députés à la Diète. Un Conseil d'État, composé de plusieurs membres nommés par le Grand Conseil, prépare les lois, nomme les fonctionnaires et approuve la nomination des pasteurs; l'administration communale est confiée à des maires : il y a des justices de paix, des tribunaux civils, correctionnels et de commerce, et une Cour de justice civile et criminelle; douze jurés sont adjoints à la Cour criminelle.

Les cantons sont indépendants les uns des autres; chacun a ses lois, son administration et ses usages particuliers. Il n'y a point de président pour toutes ces petites républiques : ce sont autant de membres sans têtes; les événements qui arrivent dans un canton exercent peu ou point d'influence dans les autres; il y a bien une Diète qui veille aux intérêts généraux, qui règle le contingent d'hommes à fournir par chaque canton lorsque la nécessité le commande; mais ses séances ne sont pas permanentes.

Les cantons doivent peut-être à cet état de choses leur indépendance, la tranquillité et la prospérité dont ils jouissent; car avec un président il faut une capitale et avec la capitale la centralisation, qui, ne profitant qu'au pouvoir dont elle favorise le despotisme auquel on se laisse aller malgré soi, fait perdre aux autres villes leur importance. Ne peut-on pas dire, d'un autre côté, qu'une nation centuple ses forces en les concentrant?

Lors de sa réunion à la France, Genève et ses environs formaient le département du Léman; et lorsqu'on l'en détacha, on nous prit, à notre tour, quelques villages ou hameaux. Ce que la France lui a exporté, Genève l'a conservé.

Moins une École de Médecine, on trouve tout réuni dans cette ville; les monuments n'ont rien de bien remarquable. L'Hôtel-de-Ville, monument massif et lourd, n'offre de vraiment curieux que son escalier principal, et qui, composé d'un certain nombre de plans inclinés, permettait aux membres du Conseil, presque tous très-avancés en âge, de monter à cheval ou en litière jusqu'à l'étage le plus élevé. C'est devant cet hôtel que l'*Émile* fut brûlé, en 1762, par le bourreau. Un Genevois, qui paraissait bien informé, nous assura que le traitement de tous les fonctionnaires publics ne s'élevait pas à plus de 40,000 francs.

Tous les cultes sont tolérés. Genève fait un grand commerce : l'horlogerie paraît en être la principale branche. Le même Genevois nous dit cependant qu'elle avait perdu de son importance ; qu'on n'employait plus le même nombre d'ouvriers, parce que plusieurs horlogers faisaient venir de Neuchâtel beaucoup de pièces à bas prix, et, par conséquent, moins bien travaillées.

Tout respire un air d'aisance ; on ne voit point de pauvres dans cette ville ; on semble encore se trouver dans le chef-lieu du département du Léman.

Ferney, dont le château rappelle de si grands souvenirs, et Coppet, habité encore par la famille de l'auteur de *Corinne*, sont à quelques heures de marche de Genève.

Il n'y a point de douanes dans cette ville ; mais une chose gênante pour les étrangers, c'est qu'on vous retient votre passe-port à la porte de la ville, et qu'on ne peut le reprendre que le soir, en indiquant le temps de résidence. Les portes étaient autrefois fermées à heure fixe, et, une fois fermées, on ne les ouvrait plus. Un jour, J.-J. Rousseau, qui apprenait l'état de graveur chez un homme brutal, rentra trop tard, et comme il craignait un mauvais accueil le lendemain matin, il prit le parti de quitter sa patrie et alla quelques jours après à Annecy faire la connaissance de Mme de Warens.

Il y avait à notre hôtel plusieurs Allemands, et, entre autres, quatre jeunes gens avec leur précepteur, qui, comme nous, paraissaient disposés à faire la promenade sur le lac. Comme Bias, ils portaient tout avec eux : un petit sac en peau, le bâton et la gourde du pèlerin au côté, composaient tout leur bagage. Beaucoup d'Anglais voyagent ainsi. Dans notre excursion à Chamonix, nous en rencontrâmes plusieurs qui revenaient à pied avec ce léger bagage. Cette manière de voyager est très-commode, on voit plus de choses et on les voit mieux (1) : on n'est pas pressé par le départ d'une voiture dont le conducteur, dans le trajet, n'est pas toujours complaisant ; et puis, à la vérité, on lui ferait perdre trop de temps.

(1) Le chemin de fer de Lyon à Genève et celui projeté de Genève à Martigny, à peu de distance de Chamonix, privera le touriste de l'un des plus grands agréments du voyage ; il lui faudra renoncer à voir la perte du Rhône, le fort l'Écluse, Nantua, St-Martin, Bonneville, Servoz, St-Gervais, les cascades, les montagnes, l'Arve, etc., après avoir côtoyé la rive droite du lac il sera précipité, sans avoir rien vu, au pied de la chaîne des Alpes.

V

LE LAC, LA MER, LES CASCADES ET LES TORRENTS

Le lendemain de notre arrivée à Genève, nous montâmes sur le bateau *l'Helvétie*, de la force de 120 chevaux. C'est le plus fort et le plus beau des trois qui font le service du lac. A peine les quatre jeunes gens eurent-ils mis le pied dans le bateau, qu'ils firent différentes questions à leur précepteur, notamment sur la différence d'un lac à la mer, sur les dangers qu'on y courait, etc. — « Un peu moins d'empressement, leur dit-il, et permettez-moi de mettre un peu d'ordre dans mes idées.

« La mer, dit-il, est un immense amas d'eau salée, baignant les bords de la partie solide du globe, et couvrant les trois quarts de la surface de la terre, et un lac est aussi une masse d'eau, mais beaucoup moins considérable, occupant une dépression de terrain au milieu d'une contrée, sans issue apparente, dont l'eau, pour la plupart, est douce et sans communication apparente avec la mer.

« La profondeur ordinaire de la mer est de 1,000 à 1,500 mètres ; on ne connaît pas celle de l'Océan-Pacifique : on présume qu'elle est à 4,000 mètres au-dessous de sa surface. La mer, dont la couleur varie beaucoup, fournit une quantité prodigieuse de poissons (plus de 5,000 espèces), qui vont par troupes ou par grosses colonnes ; en certain temps, il y en a qui voyagent séparément et d'autres qui ne quittent pas la vase. Parmi les autres produits, il y a le corail dont la pêche paraît curieuse, et l'éponge qu'on trouve au pied des rocs, et qui est formée par certains insectes pour s'y loger.

« Le niveau de la mer est sujet à des oscillations régulières, dues à l'attraction du soleil, et particulièrement de la lune. Pendant les six premières heures du jour, la mer monte ; c'est le flot ou flux ; puis elle descend, c'est le reflux.

« La mer est sillonnée de vaisseaux et d'autres embarcations, pour aller d'un continent à un autre ; il y a des bâtiments à quatre mâts : le mât d'artimon, le grand mât, le mât de misaine et le beaupré ; l'avant et l'arrière s'appellent des gaillards ; tribord est le côté droit, et babord le côté gauche. La poupe est le poste d'honneur. Les vaisseaux de premier rang ont 120 canons, 3 ponts et quatre batteries.

« Les bâtiments de guerre sont employés pour la défense de la patrie et des colonies, et pour maintenir la sûreté du commerce maritime. Les bâtiments marchands servent, en parcourant toutes les mers connues, à exporter et à importer des marchandises. Malgré les dangers à voyager sur mer, les marins sont toujours prêts à se rembarquer. La mer est leur élément ; bien peu sont contents sur terre. Il est vrai de dire que les profits sont d'autant plus grands qu'on court des risques, comme vous allez pouvoir en juger.

« Les courants ou le mouvement du navire donnent le mal de mer, mal passager, sans aucun péril, et pourtant mal affreux, contre lequel les remèdes sont impuissants.

« La mer est quelquefois phosphorescente : tantôt les parties agitées seules, telles que le sommet des vagues, le sillage des navires, l'eau frappée par les avirons, semblent un liquide enflammé ; tantôt c'est un météore lumineux, connu sous le nom de feu Saint-Elme, qui se manifeste par un temps d'orage, dans les nuits obscures, en flammes voltigeant aux extrémités des vergues, des mâts des navires ; c'est affreux à voir et cependant très-inoffensif.

« Quand les grains, qui sont produits par un nuage peu étendu et très-épais, de la forme d'une haute montagne, s'approchent du navire, le vent s'élève tout à coup avec une rapidité surprenante, l'orage gronde, une pluie torrentielle tombe et les vagues se brisent en écume.

« Un autre phénomène est une trombe, effroyable masse d'eau qui se dresse comme une colonne immense, de l'Océan jusqu'à la nue, s'avançant avec vitesse et menaçant de broyer le navire dans son tourbillon ou de l'engloutir dans les ondes. On canonne cette trombe comme on ferait d'une citadelle ; les boulets déchirent ses flancs, et, s'affaissant sur elle-même, elle retombe pesamment avec un bruissement terrible et s'anéantit dans l'abîme.

« Lorsqu'on est surpris, la nuit, par une tempête ou un orage, il faut courir dans l'ombre sur un plancher glissant, s'élancer sur des échelles de cordes, se suspendre dans l'espace, monter à la cime d'un mât et y exécuter les plus rudes travaux, si le vent ne vous arrache pas de votre poste et ne vous emporte pas. Les lames, en passant sur le pont, vous entraînent souvent dans l'abîme : plus de mâts, plus de voiles, par conséquent plus de moyens de résistance ou d'action; vient ensuite le travail des pompes, afin de vider le navire de l'eau dont les lames ont rempli la cale. »

Près du groupe qui entourait le narrateur, était un vieillard dont les genoux vacillaient sous le poids des années; tout son être en tremblait, et se parlant à lui-même et marmottant d'une voix basse et cassée quelques mots qui semblaient vouloir se faire jour, il dit qu'il était un ancien marin, et qu'il en avait bien vu d'autres. On le pria de raconter un combat naval et ce qu'il savait d'intéressant.

« Dans un combat naval, dit-il, les navires se touchent, les grappins de l'un se cramponnent à l'autre, les manœuvres s'entremêlent; à peine le commandement de feu! est-il sorti du porte-voix, que mille explosions retentissent des deux côtés, pareilles au bruit de mille tonnerres; les boulets ramés, les boulets enchaînés, les boîtes de mitrailles, etc., tout cela se tire presque à bout portant, déchire les entrailles du navire, brise les cordages et les mâts.

« L'abordage vient ensuite; les vergues s'abaissent; alors on grimpe sur les parties saillantes du bâtiment qu'on accroche en jetant de forts crochets de fer, et on se lance audacieusement sur les bastingages, le sabre entre les dents, la hache en bandoulière, le pistolet à la ceinture; c'est une sorte de frénésie; chacun se dispute les armes, tout le monde, à bord, cherche à s'utiliser; ce n'est plus un combat, c'est une boucherie, un conflit terrible où chaque coup fait couler du sang; partout des cris de blessés, des cliquetis d'armes, des gémissements, des hourras, des imprécations. Lorsque la prise du bâtiment paraît imminente, le commandant, s'il est chargé d'une importante mission, pour ne pas livrer les secrets de l'État, fait sauter le bâtiment, et la mer engloutit hommes, navire et équipage.

« Lorsque le vaisseau est jeté hors de sa route par une

5.

déviation qu'il n'est pas toujours possible d'empêcher, il heurte violemment contre une roche ; une vaste voie d'eau se déclare et monte avec tant de rapidité qu'elle envahit tout : le vaisseau ne fait plus aucun mouvement et s'enfonce de plus en plus ; il ne reste plus qu'à l'évacuer et à mettre les embarcations à la mer, si les lames ne les ont pas brisées. Cette opération est toujours dangereuse ; de cruelles scènes se passent alors : on se pousse, on se menace, on s'entre-tue pour se faire place et entrer dans les embarcations. Le commandant reste toujours le dernier à bord.

« Je ne vous parlerai pas, dit en terminant le vieux marin, de ce qui arrive lorsque le bâtiment est pris dans les glaces, ou lorsque les provisions étant épuisées, la faim vous force d'aborder dans des îles peuplées de sauvages, qui vous font souffrir une mort affreuse, — ou, ce qui est encore plus horrible, vous expose, par la voie du sort, à être égorgé pour servir de pâture.

« D'autres fois le bâtiment est entraîné, par un courant, vers un banc de sable ; la quille frappe sur les bas-fonds de cet écueil, en laboure la cime et finit par s'y enfoncer, ce qui disloque toutes les parties du navire. Il arrive encore que la mer se change subitement en un courant d'une grande rapidité, bouillonnant en gigantesques et innombrables tourbillons ; si alors le navire entre dans la région de son attraction, il est inévitablement absorbé et entraîné au fond.

« Rien de semblable sur un lac, reprit le précepteur. Le rivage, avec ses nombreux ports, peut toujours être facilement atteint pour s'abriter. Ainsi, le lac de Genève n'a pas, dans sa plus grande largeur, plus de 11,000 mètres ; sa longueur est de 16 lieues, et sa circonférence de 34 ; sa profondeur, qui varie beaucoup, ne dépasse pas 350 mètres. Son bassin, creusé par la nature et se remplissant des

eaux du Rhône et de celles de 40 rivières, commence à
Villeneuve. Le lac nourrit 29 espèces de poissons, dont les
plus recherchés sont la truite, l'ambre-chevalier, le brochet
et la carpe. Le lac de Genève est au premier rang parmi
ceux de la Suisse, ce qui faisait dire à Voltaire :

> Mon lac est le premier. C'est sur ses bords heureux
> Qu'habite des humains la déesse éternelle,
> L'âme des grands hommes, l'objet des nobles vœux,
> Que tout mortel embrasse, ou désire ou rappelle,
> Qui vit dans tous les cœurs, et dont le nom sacré
> Dans les cœurs des tyrans est tout bas adoré,
> La liberté ! . . . .

« C'est l'Océan, dit M. de Boufflers en parlant de ce lac,
qui a envoyé son portrait en miniature à la Suisse. »

En apercevant des montagnes couvertes de neige, les
jeunes gens demandèrent pourquoi, étant plus rapprochées
du soleil, elles ne fondaient pas. « Vous remarquerez, leur
dit le précepteur, lorsque nous ferons une ascension sur
les Alpes, qu'on éprouve toujours un plus grand froid sur
les endroits élevés, et particulièrement sur les monts, que
dans les vallons et les plaines. La raison en est que l'air y
est beaucoup plus vif et que les rayons solaires n'y peu
vent jamais darder à-plomb ; aussi voit-on les hautes montagnes presque toujours couvertes de neige ; il est rare
qu'il y pleuve, même en été ; les pluies y tombent à l'état
de neige jusqu'à une certaine hauteur. La ligne des neiges
éternelles est différente dans chaque localité : ainsi, dans
les Alpes, au-dessus de 2,630 mètres, les neiges sont éternelles ; cependant, elles sont soumises, en été, à une fusion
incomplète, qui les convertit en glace légère, appelée névès ; ce sont ces névès qui émettent dans les vallées des
glaciers. Le froid est si vif à une certaine hauteur des

Cordilières, que les hommes et les animaux s'y glacent et restent durcis comme la pierre, sans se corrompre. »

Pendant cette dissertation, le bateau filait ; nous touchâmes, pour débarquer et prendre des voyageurs, aux ports intermédiaires de Coppet, Nion, Rolle et Morge. Toutes ces petites villes, qui dépendent du canton de Vaud, sont sur les rives du lac, à la base des montagnes suisses et du Jura. Au-dessus et au milieu des vignes qui garnissent toute la côte faisant face au Midi, il y a çà et là de charmants chalets et de petites cascades d'un bel effet; c'est une vue on ne peut plus agréable et très-pittoresque : on arrive ensuite au port d'Ouchy, au-dessous de Lausanne dont on voit les principaux monuments. Le Genevois qui nous avait déjà renseigné et qui faisait la traversée avec nous, nous fit voir le château près Lausanne, habité par Madame La Rochejaquelein. Arrivés en vue de Vevay, il nous engagea à débarquer à ce port, en nous disant que Villeneuve n'avait rien de curieux et que de la terrasse de Vevay nous le verrions très-bien. Nous n'eûmes qu'à nous féliciter de ce conseil, car Vevay, que nous eûmes le temps de visiter en attendant le retour de *l'Helvétie*, est une petite ville de l'aspect le plus agréable. « Allez à Vevay, « dit J.-J. dans ses *Confessions*, visitez le pays, examinez « les sites, promenez-vous sur le lac, et dites si la nature « n'a pas fait ce beau pays pour une Julie, pour une Claire « et pour un St-Preux ; mais ne les y cherchez pas. » Un torrent nommé la Vevaise descend de la hauteur des monts jusque dans la ville. Un pont avec une haute arcade s'élève au-dessus du torrent.

De la terrasse des Panoramas près le temple on a une vue magnifique : les montagnes de la Savoie, le lac, Villeneuve, le Rhône, tout se découvre et s'offre à votre vue. Le soleil donnait à la neige un éclat éblouissant. C'est à

Vevay que Del... acheta des chalets, et c'est de sa terrasse qu'Améd.. esquissa Vevay, le lac et quelques montagnes. A peine avait-il terminé, qu'apercevant le vapeur *l'Helvétie*, nous descendîmes sur le port pour l'attendre.

Remontés sur le bateau, nous n'y retrouvâmes plus les Allemands. En descendant le lac. nous revîmes avec plus de plaisir les lieux que nous avions déjà côtoyés. Un petit incident vint égayer les passagers et les distraire un instant de tout ce qui excitait leur curiosité :

> Un fanfaron, amateur de la chasse,
> Venant de perdre un chien de bonne race.

C'est-à-dire, sans métaphore, un jeune Français de bonne mine, apercevant sur le pont un chien qui venait d'entrer dans le bateau à la suite de quelques voyageurs, s'écria aussitôt : Bertram, mon bon chien, je te retrouve donc, approche! Le chien répond aux caresses de son maître. Après cette tendre reconnaissance, le maître interroge de nouveau Bertram : Mais d'où viens-tu? je voudrais bien connaître celui qui t'a ainsi emmené. Deux jeunes gens de Genève se présentent aussitôt, et aussi calmes que le jeune Français était animé : Monsieur, lui dirent-ils, Bertram nous a suivis, nous avons vainement essayé de le renvoyer.

> Laridon, négligé, témoignait sa tendresse
> A l'objet le premier passant.

S'il est à vous, vous pouvez le reprendre. Le jeune Français, s'animant encore plus, dit : Si vous ne vouliez pas retenir mon chien, vous deviez le renvoyer en lui lançant des pierres. — Monsieur, nous ne sommes pas ce que vous pensez, et si nous avions maltraité votre chien pour le renvoyer, vous vous plaindriez encore davantage.

Comme le maître du chien n'avait pas les rieurs pour lui et qu'il était devenu un peu plus calme, il s'aperçut qu'il était allé trop loin, il sentit ses torts et invita les deux Genevois à boire la bière. Toutes les querelles devraient se terminer ainsi ; car, au lieu des deux Genevois, admettez deux personnes dont le premier mouvement sera aussi vif que celui du jeune Français, et voilà des gens qui se coupent la gorge pour un chien dont personne ne dispute la propriété.

Plus fait douceur que violence.

Il y avait fête à Lausanne, chef-lieu du canton de Vaud. Nous vîmes une multitude de jeunes gens qui s'y rendaient deux à deux, avec bannière et tambour en tête. Il y avait de grandes rejouissances. A Ouchy et aux deux autres ports qui en sont le plus rapprochés, on nous salua au passage par plusieurs salves d'artillerie. La détonation du canon effraya les dames.

Lausanne n'a ni douane ni octroi et les fonctionnaires publics y sont encore moins rétribués qu'à Genève. Voilà ce que l'on peut appeler un gouvernement à bon marché.

Sur *l'Helvétie* comme sur *l'Hirondelle*, Dél... fit connaissance avec des dames, qui eurent pour elle quelque complaisance, et qui lui firent connaître tous les lieux et les sites qui se déroulaient devant nous. Celle qui, au retour, l'engagea à se placer auprès d'elle, était une jeune dame de Genève qui voyageait avec son père et son mari. Elle dit à Dél... : Genève, que vous voyez maintenant si beau, avec une température aussi douce, n'est pas supportable la majeure partie de l'année. La fraîcheur du lac est si grande, l'air et le froid sont si vifs, que presque tout le monde se plaint du mal de dents; pour mon compte, je ne puis plus y passer les hivers.

La rive gauche du lac ne fait pas partie du canton de Genève, c'est le Chablais, dépendant des États-Sardes : aussi les bateaux ne la côtoient pas ; ils n'auraient peut-être pas de voyageurs à prendre et très-peu à débarquer : de ce côté on aperçoit deux villes, Hermance et Thonon. Les montagnes, qui bordent cette rive et qui commencent la chaîne secondaire des Alpes, sont presque à pic et font face au Nord. Ceux qui font la manœuvre des bateaux son-prévenus d'un orage par un mouvement des eaux qui suit vent d'abord la direction ordinaire et reviennent ensuite sur elles mêmes ; ils prennent alors toutes les précautions nécessaires. De tous les vents, le plus redoutable est le bornord qui descend des gorges de la Savoie.

Certain mouvement sur le pont, un air d'inquiétude parmi ceux qui faisaient la manœuvre du bateau, et certaines précautions prises nous étonnèrent, car rien dans l'état du ciel n'annonçait un orage ; cependant à deux lieues de Genève survint tout à coup une pluie torrentielle, accompagnée d'éclairs et de coups de tonnerre, ce qui força les passagers à descendre au salon. Je n'y fus pas plutôt, que j'éprouvai le désir de remonter sur le pont pour jouir de ce spectacle. Le lac était fortement agité, et ses grosses vagues venaient se briser avec violence contre les bords, en s'élevant à une hauteur considérable.

En sortant du bateau la pluie redoubla, et nous fûmes inondés avant d'arriver à l'hôtel qui était cependant à peu de distance.

Nous partîmes à six heures du matin pour Chamonix. N'ayant pu avoir de place dans la diligence, nous pûmes nous procurer une voiture de renvoi. Le conducteur, garçon intelligent et très-attentionné, était commissionnaire à Paris, rue Vivienne, et vendeur de contre-marques à l'Opéra. Il était venu passer quelque temps dans sa famille (1). Connaissant bien les localités, il nous faisait remarquer ce qu'il y avait de plus curieux : le nom des montagnes, des cascades, des rivières et des villages, les grottes, etc., rien n'était oublié. Il est vrai de dire aussi, qu'avant de partir de Genève, nous nous étions pourvus de petites cartes et de différents points de vue; nous nous trouvâmes bien de cette précaution. La vue des montagnes, des cascades et des glaciers servit ensuite et surtout à Chamonix, à nous les faire reconnaître sans autre indication.

Après avoir traversé Chêne, nous arrivâmes à Annemaze dans les États-Sardes. Nous vîmes ensuite les hameaux de Collonge, Vertax, Artaz, Nangi, Contamine, puis Bonneville, petite ville assez bien bâtie. La place, où il y a deux belles rangées de sycomores, est très-grande. A la sortie de la ville, on remarque une colonne surmontée de la statue de Charles-Félix. C'est à partir de Bonneville que l'on peut dire que l'on entre dans les Montagnes du Mont-Blanc. A peu de distance de Bonneville, on trouve Cluse, dont un incendie venait de consumer presque toutes les maisons; de Cluse on passe à Maglane, et on arrive à Saint-Martin. Nous traversâmes plusieurs fois la rivière d'Arve que nous avions commencé d'apercevoir à Annemaze pour ne plus

(1) Depuis, je l'ai rencontré plusieurs fois à Paris ; nous eûmes du plaisir à nous revoir et à parler de notre voyage. Je me rappelle qu'en me faisant voir la chaîne des Alpes, il me disait : C'est une barrière presque infranchissable entre la Savoie et le Piémont ; aussi presque pas de rapports entre nous, l'action même du gouvernement se fait peu sentir, et comme le pays n'offre pas assez de travail, presque tous les habitants vont en France, où la plupart se fixent... Ce bon jeune homme doit être maintenant bien satisfait... L'union de tous les cœurs dans ce noble cœur de la France avec la vie active, féconde et régulière, était le désir le plus ardent de ces bons Savoisiens désormais bons Français.

la perdre de vue. De Bonneville à Saint-Martin, on rencontre à gauche, de distance en distance, plusieurs cascades qui partent du sommet de montagnes presqu'à pic. L'une d'elles était dans ce moment si forte et si rapide, qu'à une certaine distance on aurait dit de la vapeur et des diamants; Il s'en détachait comme des fusées dont le volume allait en grossissant : ces cascades ressemblent à de longues écharpes très-brillantes et très-ondulées. Les pierres sur lesquelles tombe la cascade, font rejaillir ses eaux avec tant de force, qu'elles se transforment en une espèce de bruine qui mouille même à une certaine distance.

On est obligé à Saint-Martin de laisser sa voiture ; celle que l'on reprend est une voiture pour les montagnes, très-légère, attelée de deux chevaux : trois personnes composent la voiture, et, assises, font face à l'un des côtés de la route.

Nous apprîmes à Saint-Martin qu'aucune voiture n'était revenue à Chamonix, pas même la poste ; que la veille, un violent orage avait éclaté et qu'il était tombé heaucoup d'eau (nous en savions quelque chose); que les torrents avaient rompu la route en deux endroits et qu'il y avait danger à continuer. Sur notre insistance, nous pûmes partir, et nous allâmes assez bien jusqu'à Servoz, joli petit village resserré entre plusieurs montagnes très-élevées et très-escarpées qui le dominent, que l'on monte et que l'on descend continuellement jusqu'à peu de distance de Chamonix.

Arrivés à Servoz, il y avait encombrement de voyageurs, et l'on nous fit les mêmes observations qu'à Saint-Martin sur le danger et même l'impossibilité qu'il y avait à continuer. Des personnes qui étaient arrivées à pied de Chamonix rembrunissaient encore le tableau et assuraient que les voitures ne pouvaient passer. Cependant quelques voyageurs continuèrent la route, les uns à pied, d'autres sur des mulets. Le plus grand nombre, et nous fûmes de ce nombre, coucha à Servoz. Nous employâmes le reste du jour à visiter la localité; nous entrâmes dans un cabinet de minéralogie.

Au-dessus de Servoz s'élève la chaîne des rochers des Fix, débris de la montagne de ce nom, dont la partie supérieure s'écroula sur la fin du siècle dernier avec un si grand fracas que les habitants des vallées voisines crurent qu'un volcan venait de faire explosion dans les Alpes.

Au delà de Servoz on traverse le torrent de la Dioza, descendu du Buet, et près duquel on remarque un petit monument élevé à la mémoire d'Eschen, jeune marin qui périt en 1801 en roulant dans l'Arve pour avoir refusé de suivre les conseils de son guide.

> Aux grands périls, tel a pu se soustraire
> Qui périt pour la moindre affaire.

Le brave marin Dumont-d'Urville, après avoir échappé aux plus grands dangers sur mer, n'a-t-il pas trouvé la mort dans l'affreuse catastrophe de la rive gauche du chemin de Versailles, dans un court trajet, et lorsqu'il croyait ne faire qu'un voyage d'agrément avec sa famille ?

Cette catastrophe me revient souvent à la mémoire; j'étais alors à La Villette chez M. Prel... qui me proposa une promenade à Versailles; les grandes eaux jouaient et la foule était considérable. Après avoir vu toutes les fêtes et sur le point de rentrer, je témoignai le désir de prendre le chemin de fer de la rive gauche que je ne connaissais pas encore. Après un moment d'hésitation, M. Prel... me dit : nous sommes attendu; il est trop tard, reprenons le chemin de fer de la rive droite. Bien nous en prit car le train de l'autre rive rencontrant celui qui revenait de Versailles, il y eut un choc si terrible que les vagons s'amoncelèrent les uns sur les autres et s'embrasèrent. Presque tous les voyageurs périrent dans les flammes. Le lendemain matin j'allai avec M. Prel.... sur le lieu du sinistre ; il n'y avait plus que des cendres, les moindres débris avaient été enlevés. Nous suivîmes la foule au cimetière du Montparnasse où les corps qui n'avaient pu être reconnus avaient été transportés. Quel spectacle déchirant ! Ces corps n'avaient plus forme humaine ; ils étaient méconnaissables, calcinés, carbonisés. Nous nous retirâmes bien vite, le cœur navré de douleur.

Au devant de notre hôtel, il y avait un banc sur lequel étaient assises plusieurs personnes de l'endroit. Au premier coup de l'*Angelus*, elles se levèrent spontanément et restèrent découvertes en récitant l'*Angelus* tant que la cloche se fit entendre. Ce recueillement et cet hommage rendu à la sainte Vierge furent admirés des voyageurs qui n'eurent cependant pas le courage de les imiter ; elles durent nous considérer comme des mécréants : il est vrai de dire que le vrai chrétien est un brave semblable à un bon soldat que les efforts de l'ennemi ne font qu'exciter davantage, et que le respect humain n'est qu'une grande faiblesse.

Le lendemain, à cinq heures du matin, nous nous mîmes en route. Le premier torrent, que nous rencontrâmes bientôt, n'offrit rien de dangereux et nous le traversâmes sans difficulté ; mais à peu de distance nous fûmes très-étonnés de voir plusieurs personnes arrêtées, des voitures d'un côté et des chevaux de l'autre : Nous eûmes bientôt l'explication de ce pêle-mêle.

> Avec grand bruit et grand fracas,
> Un torrent tombait des montagnes.
> Tout fuyait devant lui ; l'horreur suivait ses pas ;
> Il faisait trembler les campagnes.

Les voyageurs n'osaient passer
Une barrière si puissante.

Un torrent, en effet, se précipitait encore avec un grand fracas de la montagne qui dominait la route en cet endroit Sur une étendue de plus de quinze mètres, cette route étai défoncée à une grande profondeur ; l'empierrement avait disparu pour faire place à des blocs de pierre qui, descendus de la montagne, entraînés par le torrent, étaient çà et là sur la route. Les guides, cependant, qui avaient un si grand intérêt à voir la circulation rétablie, avaient employé avec des ouvriers une partie du jour précédent et presque toute la nuit à combler les crevasses et à rendre le passage moins dangereux ; on dételait les chevaux et les voitures étaient transportées par les guides ; des planches et des sapins fraîchement coupés servaient, avec l'aide des guides, à faire passer les voyageurs. Au troisième torrent nous éprouvâmes les mêmes difficultés.

VI

CHAMONIX ET LE MONT-BLANC

Cependant une superbe contrée se développa bientôt à
nos yeux. Nous traversâmes le village des Ouches, celui
des Bossons, et nous entrâmes à huit heures du matin à
Chamonix. L'aspect de la chaîne des Alpes, l'objet de nos
désirs, le but de notre voyage, sans nous exalter, nous fit
éprouver une certaine émotion, bien qu'en pareille circons-
tance nos impressions dépendent souvent du vent qui
souffle, de l'atmosphère et de notre humeur du moment·
Combien nous fûmes dédommagés de nos contrariétés !
Elles furent bientôt oubliées à la vue de ce magnifique
spectacle que nous offrait la nature.

Quelle belle vallée! et surtout quelle majesté et quel ra-
vissement à la vue de ces hautes montagnes couvertes de
neige, de ces mers de glaces, de ce Mont-Blanc qui domine
tous les autres! Combien tout ce qui entoure Chamonix ou
le Prieuré est grave et imposant! Au Midi, c'est toute cette
belle chaîne des Alpes, ce groupe de montagnes qui lui fait

6.

face, et dont la base touche à ses maisons. Au sud-est c'est le col de Balme, où l'Arve prend sa source, et un peu plus rapproché de Chamonix, c'est l'Arveiron, qui sort avec fracas d'une grotte formée dans le glacier des Bois faisant suite à la Mer de Glace. Au nord et derrière l'église, c'est le Brevent, cette montagne qui s'élève au-dessus de Chamonix de 2121 mètres, du haut de laquelle on contemple avec un saisissement qui tient du frisson, et le Mont-Blanc, le point le plus élevé de l'Europe, et le mont Maudit à sa gauche, et le dôme du Goûté à sa droite, et le Tacul, et le col du Géant, et les aiguilles vertes des Charmez, du Dru, du Midi et de l'Argentière, et les glaciers, et les cascades, et toute cette belle et imposante nature qui offre à l'œil étonné des glaces et des neiges éternelles au-dessus d'une belle végétation, de prairies émaillées de fleurs, de belles récoltes et d'une température qui n'était pas dans ce moment à moins de douze degrés au-dessus de zéro. La vue de ce spectacle semble agrandir les idées et élever l'âme. Très-souvent on est désappointé en voyage, parce que la réalité reste au-dessous de ce qu'on avait rêvé ; nous éprou_vâmes une toute autre sensation.

Le Géant, le plus élevé après le Mont-Blanc, est dominé par celui-ci de 1384 mètres.

Le Mont-Blanc a en hauteur 4810 mètres au-dessus du niveau de l'Océan ; longtemps avant d'arriver à cette hauteur, on a des neiges éternelles, il faut deux jours pour y parvenir. Il semble qu'il n'y a rien de plus élevé. Eh bien ! si, dans notre imagination nous plaçons le Schéekoppe, de Silésie, qui a 1608 mètres de hauteur, sur le Mont-Blanc, nous n'aurons pas encore atteint un des grands colosses des Andes ou Cordillières de l'Amérique méridionale, le Chimboraço qui a deux fois la hauteur de l'Etna, ou 6530 mètres au-dessus du niveau de la mer.

Si l'on place le Rhigi, ou le mont Athos en Grèce, sur le Chimboraço, on se forme l'image du pic de Kunchingin, le plus élevé des pics de l'Himalaya, dont la hauteur est de 8588 mètres.

Les Cordillières forment une chaîne de plusieurs centaines de lieues. A la différence des montagnes des Alpes, elles sont plutôt grandioses que belles ; rien ne les orne, elles n'ont rien de pittoresque, rien d'agréable à l'œil.

Que l'homme se trouve frêle et chétif quand il se mesure face à face avec ces immuables colosses dont les siècles ont noirci la cime, et dont la moindre parcelle, en tombant, l'écraserait ! C'est là, mieux que jamais peut-être, que l'on comprend ce que vaut une vie, et que l'on trouve fous tous les rêves de gloire et d'avenir, quand on se dit que la gloire et l'avenir auront passé avant que l'eau qui suinte de ces neiges se soit tarie, avant que la mousse ait cessé de couvrir le flanc noueux de ces pierres, avant que les angles tranchants de rochers se soient arrondis au frottement de l'eau.

« Notre ignorance des choses de la nature, dit un auteur anglais, est la cause principale de l'admiration qu'elles nous inspirent : c'est elle qui produit le sentiment du sublime. »

Voilà pourquoi, en voyant le Mont-Blanc, nous ne concevions rien de plus élevé et de plus magnifique ; voilà pourquoi il excita à un si haut degré notre admiration et notre étonnement.

A notre arrivée, et sans penser à autre chose, nous voulûmes, après avoir examiné l'ensemble, visiter et voir de plus près. Nous nous dirigeâmes du côté du glacier des Bois, à la source de l'Arveiron. On y arrive en traversant le village des Prés. Quelques accidents de terrain, des roches, quelques flaques d'eau assez considérables, furent par nous facilement franchis à l'aide de notre guide, et nous arrivâmes au glacier des Bois et à la source de l'Arveiron.

Dans la glace et sous une voûte de glace, formant cette belle grotte si admirée des voyageurs, l'Arveiron sort avec un grand bruit, en bouillonnant, par une grande arche haute quelquefois de trente mètres. C'est un torrent qui est presque aussi fort à sa source qu'à l'endroit où il se jette dans l'Arve, cette autre rivière, dont il est une des principales sources, qui roule avec fracas au pied des montagnes que nous avions parcourues, et qui se jette elle-même dans le Rhône entre Genève et Carouge.

La beauté de cette nature sollicitait d'un côté notre admiration ; mais de l'autre notre idéalisme ramené au positif de la vie par une faim exorbitante, nous commandait de préférer le déjeuner à la contemplation. Nous rentrâmes donc à l'hôtel de la Nouvelle-Couronne où nous étions descendus. Chamonix a six beaux hôtels où affluent les étrangers. Le village ou bourg est peu considérable. L'église est bien située, et par un beau soleil sa pointe dorée jette beaucoup d'éclat.

Nous eûmes bientôt pris notre repas et je pourrais dire que nous déjeunâmes mal ; c'est assez l'habitude des voyageurs de critiquer la cuisine dont ils ont été plus satisfaits; mais la reconnaissance est la marque distinctive des bons cœurs et des bons estomacs; nous n'eûmes que des compliments à adresser à notre maître-d'hôtel. Le guide-chef que nous avions vu nous envoya un guide et un mulet. Dél... monta sur le mulet, et Amed..., armé d'un bâton ferré, suivit le guide à l'ascension du Montanvert et de la Mer de Glace qui a près de huit kilomètres d'étendue. Ne pouvant tout voir, nous convîmes, n'étant pas d'ailleurs assez bien portant pour faire l'ascension du Montanvert, de nous diviser pour voir plus de choses; seulement chacun de nous devait prendre des notes exactes afin de nous les communiquer réciproquement. Le sentier à travers le Montanvert est on ne peut plus raide, difficile et étroit. On a constamment un précipice à sa gauche, et l'œil pénètre avec effroi dans les profondeurs de l'abîme. Aussi, pour éviter le vertige, on se rejette involontairement de l'autre côté du sentier. Il est vrai qu'arrivé sur le plateau, on est bien dédommagé; on marche sur la Mer de Glace; on franchit des crevasses qui ont près de cent cinquante mètres de profondeur et on entend l'eau rouler avec bruit pour aller grossir l'Arveiron.

Sur le plateau on découvre les montagnes; il y a là un chalet ou pavillon pour reposer les voyageurs qui peuvent aussi se procurer des rafraîchissements et des objets de curiosité. Ce pavillon est au-dessus de Chamonix de quatre cent vingt-neuf toises. Là, on vous présente un registre où chaque voyageur s'inscrit. Les noms de Victor Hugo, Lamartine et d'autres notabilités y figurent accompagnés le plus souvent de quelques vers. Améd... et Dél... s'inscrivirent avec les autres voyageurs, car on se trouve là toujours vingt à trente personnes. Les guides, qui sont d'une grande complaisance, vous racontent toutes les anecdotes et vous expliquent tout. Celui de mes enfants leur procura plusieurs plantes et notamment des rhododendrons ferrugineux qui croissent là à côté de la Mer de Glace; j'apportai quelques-unes de ces plantes.

Pendant l'ascension du Montanvert, je visitai différents endroits; je grimpai en partie le Brévent pour mieux contempler le Mont-Blanc que j'avais en face ainsi que tous les autres monts qui forment cette longue chaîne; je n'avais encore rien vu d'aussi saisissant et d'aussi beau; il faut l'avoir vu pour s'en faire une idée. La chaîne du Mont-Blanc se dresse devant vous avec ses lignes grandioses et l'incomparable splendeur de ses neiges éternelles. Au centre de cette chaîne de plusieurs lieues, le Mont-Blanc, ce géant des Alpes, domine tellement les autres que l'ascension en paraît impossible; la neige dont il est couvert, le chemin qu'il faut se frayer, une température qu'il faut braver, augmentent à chaque pas les difficultés; aussi depuis l'année 1786, trente-huit touristes ont pu encore y parvenir. Il ne faut pas s'attendre, après avoir monté le plus haut possible, découvrir, surtout en portant sa vue sur le versant faisant face au Nord, un immense horizon, un superbe bassin, des prairies, de jolis bourgs, des vignobles, des ruisseaux, non, on n'aperçoit, si on en excepte le Prieuré qui est très-borné, que de hautes montagnes couvertes de neiges, une sombre verdure et des horizons bornés; c'est grandiose et sévèrement monotone. En avançant sur ces montagnes les chalets deviennent plus rares, les arbres font place aux arbustes, la verdure s'appauvrit, les pentes deviennent plus escarpées et le flanc de la montagne plus dépouillé. On ne compte en réalité que trente e une ascensions qui aient été couronnées de succès. Deux intrépides Chamoniards. Paccard et Balmat, atteignirent, les premiers, la cime du Mont-Blanc, jusqu'alors jugée inaccessible. Sept ascensions ont été jusqu'ici faites par des Français; la plus remarquable, nous fut-il dit, est celle que fit, le 7 septembre 1838, Mademoiselle Daugeville, sœur du député de l'Ain. Le sentier qui conduit avec le moins de péril du plateau supérieur à la cime de la montagne, a conservé le nom de Saussure, en mémoire de l'ascension faite par le professeur de ce nom, citoyen de Genève. L'entreprise de l'ascension est périlleuse, fatigante à l'excès et fort dispendieuse; le mauvais temps et mille incidents imprévus peuvent la faire échouer. Personne, cette année, n'était disposé à faire l'ascension; les torrents et les avalanches semblaient la rendre impossible.

J'allai voir ensuite la cascade des Pèlerins, conduit par un guide; il faut aller jusqu'au sommet de la montagne. Arrivé là, j'étais haletant.

J'examinai à mon aise la cascade qui est très-curieuse. Sans être très-élevée, l'eau tombe avec tant de force dans une espèce de godet ou d'entonnoir naturel pratiqué par sa chute dans le roc, qu'elle remonte encore plus vite qu'elle n'est descendue, forme gerbe en s'élevant, et retombe comme un grand jet d'eau artificiel. Comme on sait tirer parti de tout, pour le plus grand agrément des voyageurs et le plus grand profit de ceux qui s'établissent là, une jeune fille sortit du chalet, monta comme une biche sur la roche qui domine la cascade, et de là, lança dans l'entonnoir des pierres du poids d'environ un kilogramme. Chose étonnante! ces pierres remontaient avec l'eau et retombaient avec elle; on les apercevait très-distinctement à travers la gerbe et la vapeur.

Au-dessus de cette cascade est le glacier des Pèlerins et à côté le glacier des Bossons. Ce n'est plus, comme le glacier des Bois et la Mer de Glace, une mer de glace compacte ressemblant à une montagne; le glacier des Bossons forme des aspérités, des pointes extrêmement élevées. Ce sont des multitudes de clochetons détachés les uns des autres. Ce glacier est très-curieux à voir; à la différence du glacier des Bois qui se retire du vallon, le glacier des Bossons menace de l'envahir.

Nous apprîmes qu'il y a vingt ans, la grotte de l'Arveiron disparut complétement et se trouva entièrement obstruée, et que l'Arveiron s'ouvrit une nouvelle issue à environ cinq cents pieds au-dessus de la vallée et contre les parois qui supportent la Mer de Glace; il en résulta une très-belle cascade : l'eau tombait d'un premier bond sur un roc. Quelques mois après, l'eau se fraya de nouveau un passage par ses anciennes issues, et la grotte se rétablit peu à peu.

En revenant de la cascade des Pèlerins, je rencontrai plusieurs ecclésiastiques qui allaient la visiter ; ils étaient tout en nage : je les encourageai en leur assurant qu'ils approchaient du but et qu'ils seraient bien dédommagés de leurs sueurs.

De retour de son excursion, Améd... se trouva si fatigué qu'il fut obligé de se mettre au lit. Le lendemain, il ne se sentait plus de sa lassitude ; il parlait avec enthousiasme des lieux qu'il avait parcourus et de ceux qu'il avait seulement vus ; il revoyait avec plaisir son album où il avait dessiné quelques sites.

Dans le trajet que nous fîmes en sortant de Genève, et surtout de Servox à Chamonix, nous vîmes, et par le plus beau temps, des brouillards se former à côté, au-dessus et au-dessous de nous, sur le flanc comme sur le sommet des montagnes : ces vapeurs sortent le plus souvent des anfractuosités des montagnes ; d'abord d'un petit volume, elles grossissent à vue d'œil, s'élèvent, contournent la montagne et l'enveloppent entièrement ; elles se dissipent bientôt ; d'autres se forment, et à dix heures elles deviennent beaucoup moins fréquentes. Ces nuages, connus sous le nom de cumulus ou balles de coton, se forment le matin dans les beaux jours ; il est facile d'observer ces phénomènes, dus aux courants d'air ascendants qui entrainent les vapeurs. Les nuages orageux sont dans les Alpes entre 3,200 et 4,500 mètres ; les hautes montagnes arrêtent la marche des orages qui s'y fixent et y éclatent ; souvent aussi elles changent leur direction. La fréquence de ces orages n'a rien de dangereux pour les vallées car les pics font l'office de paratonnerre en attirant sur eux la décharge de la foudre.

Malgré un temps superbe et un beau soleil, comme nous ne cessâmes d'en jouir pendant tout notre voyage, le Mont-Blanc et les autres montagnes disparurent plusieurs fois à nos yeux par l'apparition subite de ces brouillards, à la vérité, pour reparaître aussitôt avec plus d'éclat. C'était comme pour reposer notre vue fatiguée de contempler cette imposante nature.

A 2,630 mètres au-dessus de Chamonix, les neiges sont éternelles ; on les voit toujours et en tous temps sur les montagnes du Mont-Blanc : lorsqu'on arrive au sommet de quelques-unes de ces montagnes, on n'aperçoit aucune contrée habitable, aucun site. On ne voit au-dessous de soi qu'un chaos de rochers et de torrents ; on ne distingue plus au loin que des pointes arides et couvertes de neige, perçant le nuage qui flotte et qui les couvre, comme je l'ai dit, d'un voile souvent impénétrable.

Au-dessous de ce niveau, les neiges disparaissent ; elles fondent avec les neiges des vallées, pour faire place à une végétation aussi belle que celle de ces vallées. On aperçoit alors, de distance en distance, de petites parties de terrain très-bien cultivées. Chaque morceau, ainsi cultivé, a, tout à côté, son chalet, car dans l'impossibilité de transporter toutes les récoltes, il faut les consommer là. Ces lieux sont inabordables aux voitures.

Ces chalets ou pavillons, disséminés ainsi sur le versant des montagnes, sont d'un effet très-pittoresque, et coupent agréablement la monotonie de la teinte des sapins.

Si l'on en croit une inscription que l'on fait voir aux voyageurs, le bourg de Chamonix n'aurait été découvert qu'au commencement du dix-huitième siècle.

Ces contrées possèdent des substances minérales de toute nature. La terre susceptible d'être cultivée est très-peu étendue, et, bien que les récoltes soient belles et abondantes, elles ne suffisent pas aux besoins ; elles sont peu variées. Les habitants récoltent un mélange d'orge et d'avoine avec lequel ils font leur pain. Les produits les plus importants sont le lin et le miel : pour suppléer à la paille, je vis des femmes occupées à détacher le feuillage des sapins qu'on venait de couper : ce feuillage, qu'elles mettaient en tas et à couvert, était destiné à faire de la litière, ce qui faisait ensuite un bon engrais.

On parle français à Chamonix. Les habitants ont un air d'aisance et leur taille dépasse un peu la moyenne ; ils sont actifs et laborieux et savent presque tous lire et écrire ; ils vivent du produit de leurs troupeaux et de ce qu'ils gagnent avec les voyageurs. Le crétinisme affecte certains habitants des vallées ; plusieurs ont des goîtres qui sont occasionnés par l'eau provenant de la fonte des glaciers, la seule que boivent les habitants des montagnes élevées.

Les mulets, qui sont beaux, paraissent employés à tous les travaux ; les chèvres ont la couleur du chamois ; elles sont très-belles. Nous ne vîmes pas d'oiseaux.

Après quelques autres excursions, nous fîmes nos adieux aux montagnes, aux glaciers, aux cascades, aux mers de glace, à Chamonix et à son beau vallon.

> Partons, partons, quittons ces lieux,
> Adieu, séjour délicieux.

VII

DÉPART DE CHAMONIX

Nous pouvions ne pas revenir par la route que nous avions suivie, et, à l'aide de mulets, traverser le col de Balme, à peu de distance de Chamonix, et nous rendre à Martigny dans le Valais. Là descend la route du Simplon qui nous eût conduit, en suivant presque toujours le Rhône, à Villeneuve; mais nous avions déjà traversé le lac; nous remontâmes donc dans une voiture de montagne.

Le conducteur que nous avions assuré la veille, n'avait pas descendu, en venant à Chamonix, ses voyageurs à notre hôtel, mais bien à l'Hôtel de Londres et d'Angleterre. Il paraît, ce que nous ne savions pas, qu'il est d'usage à Chamonix que les postillons reconduisent les voyageurs de l'hôtel où ils en ont amené, et où ils restent en attendant un départ. Or, il était arrivé, dans la nuit, à notre hôtel, une voiture, et le postillon prétendait avoir seul le droit de nous reconduire. Je lui dis : ceci ne nous regarde pas ; nous ne sommes pas de la marchandise dont vous puissiez disposer à votre gré : entendez-vous avec votre camarade. Il y eut une altercation et des menaces entre les deux postillons ; celui que nous avions assuré nous reconduisit

Nous ne suivîmes pas entièrement la route que nous avions tenue ; nous obtînmes du conducteur qu'il nous fît passer par les bains Saint-Gervais. On nous en avait beaucoup parlé ; ils sont situés entre Servox et Sallanche.

Arrivés au petit hameau de Clède, nous quittâmes la route de Saint-Martin et primes à gauche celle de Saint-Gervais. L'établissement est dans un site très-pittoresque, acculé au pied de montagnes très-élevées et couvertes de sapins. De belles constructions entourent une très-grande cour. Les eaux donnent abondamment ; ces eaux sont sulfureuses, salines, alcalines, gélatineuses ; il y a même une source ferrugineuse. Derrière la maison, il y a une cascade à laquelle on arrive par un joli sentier et en passant sur un pont en bois très-élevé. On nous dit qu'il y avait eu 150 buveurs et que le nombre en était réduit à 60. De Saint Gervais à Sallanche, il y a une route ou plutôt une avenue superbe.

En allant à Chamonix, comme en en revenant, nous fûmes assaillis tout le long de la route par des enfants qui suivaient la voiture pour nous présenter, les uns des minéraux des Alpes, d'autres des fleurs et quelques-uns des fruits ; à Chamonix, les fraises sont très-abondantes et surtout délicieuses : on voyait des jeunes filles descendre des montagnes avec des paniers pleins de cet excellent fruit qu'elles vendaient à bas prix.

Dans tous les villages, il y a le long de la route et au milieu d'une niche pratiquée dans une construction en maçonnerie, une madone protégée par un grillage et entourée de fleurs et de rubans offerts par la piété des fidèles.

A notre rentrée à Genève, nous visitâmes de nouveau la ville et surtout ses belles eaux, ses quais et ses ponts, et, après avoir assuré nos places pour Dijon, nous fîmes nos dispositions pour aller à Ferney et à Coppet; le conducteur nous fit observer qu'il était trop tard pour pouvoir visiter le château; il fallut renoncer à ce projet; nous désirions cependant emporter un souvenir de Ferney, ce qui était facile, car on nous assura que les concierges qui s'étaient succédé avaient fait fortune en montrant un morceau de la robe de chambre de Voltaire, son bonnet de soie grise et en laissant prendre aux nombreux enthousiastes du grand écrivain, soit un lambeau des rideaux de son cabinet de travail, soit toute autre chose; ils avaient été obligés de renouveler plusieurs fois ces rideaux. C'est l'histoire de la plume de l'abdication de Fontainebleau, etc., etc. (1)

De Genève, nous allâmes à Nion, jolie petite ville du canton de Vaud; nous traversâmes ensuite les montagnes suisses et du Jura, sans perdre de vue le lac que l'on découvrait dans toute son étendue; arrivés au point culminant, comme il faisait un temps superbe, nous vîmes très-bien le Mont-Blanc que nous saluâmes pour la dernière fois.

Aux Rousses, village sur un site élevé, nous fûmes obligés de nous arrêter, c'est la première ligne de la douane française : il y avait là beaucoup de militaires et d'ouvriers. On y établit un fort sur une petite butte; à midi les ou-

(1) Les seuls objets qui aient réellement appartenu à l'Empereur et qui rappellent de si grands et de si glorieux souvenirs, sont maintenant exposés an Louvre ; ils composent une galerie très-intéressante et très-curieuse.

vriers quittèrent les travaux ; il ne resta que les personnes nécessaires pour mettre le feu aux mines : c'était un vacarme continuel ; on voyait les pierres s'élever en l'air.

Nous retrouvâmes là Bertram suivant cette fois son jeune maître qui était en beau costume d'officier.

Après la deuxième ligne de douane, nous passâmes auprès de Morez, au fond d'une gorge très-étroite qui laisse à peine assez d'espace pour deux rangs de maisons, et nous arrivâmes de nuit à Lons-le-Saulnier. Nous visitâmes la ville qui était très-bien éclairée ; la principale place est très-vaste. On y construit une salle de spectacle ; une rue entourée d'arcades y aboutit. J'ai longtemps regretté de n'avoir pu voir le fameux puits des salines. On nous dit qu'il avait 60 pieds de profondeur sur 15 de large et qu'un tournant mû par un courant d'eau douce faisait jouer les pompes qui tirent, sans discontinuer, l'eau salée du puits et la versent dans un auget qui la porte aux salines. Nous vîmes Dôle en passant : cette ville est dans une belle situation, au pied d'un coteau couvert de vignes.

Nous commencions à quitter cette chaîne de montagnes qui, depuis les Rousses, n'offraient plus le même aspect. Du côté de la France, elles sont, dans cette contrée, rocailleuses et dégarnies, et les sapins n'y ont plus la même vigueur.

Avant d'arriver à Auxonne, Améd., pour nous remettre des fatigues de la nuit et pour réparer le désordre de notre toilette, ouvrit, pendant que les chevaux allaient au grand trot, la portière et sortit de la voiture qu'il suivit pendant quelques minutes ; et, après avoir bien secoué la poussière et s'être drapé de différentes manières avec son manteau, il remonta fort lestement et descendit de nouveau.

Ce manége divertit beaucoup les voyageurs. J'aurais

voulu l'en empêcher, car il m'effrayait. A notre départ de
Genève, nous avions dans notre compartiment un voyageur que nous eussions désiré ailleurs, tant ses vêtements
étaient imprégnés de l'odeur du tabac. Au premier relai il
sortit pour allumer sa pipe, et, au premier coup de fouet, il
reprit sa place la pipe à la bouche. Sur mon observation,
il cessa de fumer; mais il remplaça bientôt sa pipe par un
certain bol qu'il tourna et retourna continuellement dans sa
bouche, ce qui n'était guère plus supportable. Améd. lui
dit : Il ne faut pas vous priver de fumer; voyez le conducteur et il pourra vous procurer une place sur la banquette. Au deuxième relai il descendit, en effet, et alla se
placer près du conducteur, où il put fumer et chiquer à son
aise. Ce qu'il y eut de plaisant, c'est qu'il vint s'excuser de
ne pas remonter auprès de nous.

VIII

DIJON ET LE MORVAN

Nous voici à Auxonne. Cette ville est assez bien bâtie et entourée de remparts avec un château flanqué de cinq grosses tours. Nous vîmes bientôt Dijon où nous entrâmes par la porte Saint-Pierre, au devant de laquelle est un beau bassin avec un jet d'eau, et en face une avenue superbe qui conduit à la promenade du parc. Les nouvelles maisons qui sont de chaque côté de la porte, sont magnifiques et d'une grande régularité.

Nous visitâmes la ville que je n'avais pas revue depuis 1811 ; elle avait un tout autre aspect. Je fis voir à mes enfants le palais des anciens ducs de Bourgogne ; la place demi-circulaire au devant ; la nouvelle salle de spectacle ; l'École de droit ; l'ancien Parlement ; l'église Saint-Michel ; Saint-Bénigne, avec sa magnifique flèche ; une porte au nord, précédée d'édifices superbes qui entourent une belle place ; la porte Guillaume ou de Paris, au devant de laquelle il y a un beau réservoir ; les remparts dont nous fîmes le tour, et le Musée qui est le plus beau et le plus riche de ceux que nous avions visités.

Il y a surtout dans une des salles dont la cheminée est prodigieusement grande et très-bien sculptée, deux tombeaux magnifiques : sur chacun d'eux est couchée la statue en marbre de différentes couleurs d'un duc de Bourgogne ; deux anges qui sont à la tête soutiennent la couronne ducale. Ces tombeaux sont entourés à la base de petites statues en marbre, en grand nombre, représentant des religieux dans toutes les attitudes imaginables pour exprimer la douleur et le deuil.

La ville de Dijon est grande et bien bâtie, dans un site charmant, au pied d'une chaîne de montagnes dominées par le mont Afrique ; elle est baignée par la rivière d'Ouche et le torrent du Suzon ; on y entre par cinq portes. Rien n'égale la beauté des rues et surtout des promenades, qui sont bien plantées et offrent une vue délicieuse sur la campagne. Cependant cette ville manque de ce mouvement, de cette vie qu'on ne trouve qu'à Paris.

De Dijon nous retournâmes à Autun. Il y avait beaucoup de mouvement dans cette ville ; on y faisait de grands préparatifs pour la foire de la Saint-Ladre. Déjà les boutiques étaient construites sur toute l'étendue de la terrasse qui domine la place.

A la différence de Chantilly où les amateurs passionnés du turf s'y donnent seuls rendez-vous, puis s'en reviennent après deux jours qui suffisent à vider les bourses les mieux garnies, Autun se préparait sérieusement à de grandes solennités hippiques.

A deux kilomètres de la ville, sur notre route, dans un champ immense, beaucoup d'ouvriers étaient encore occupés à l'Hippodrome ; la course de chevaux devait être superbe. Il y avait de grands prix annoncés.

Nous apprîmes, peu de jours après, que les courses et les réjouissances avaient été interrompues par un événement déplorable. M. Mac-Mahon, dans une course au clocher et en changeant brusquement l'allure de son cheval, fit une chute dont il mourut peu d'heures après.

D'Autun à Lormes on a constamment une belle route ; le pays est très-accidenté et on ne peut plus pittoresque ; la végétation est belle ; les montagnes sont bien boisées ; les eaux sont abondantes et d'une grande limpidité ; il y a çà et là, et dans des sites charmants, des hameaux bien peuplés. Les points de vue y sont admirables ; ces points de vue et les montagnes ont quelque analogie avec ceux de la Suisse : la différence est dans la teinte et le ton des sites. A la différence aussi de la Suisse, les constructions des villages du Morvand sont généralement sans goût et mal entretenues, et les animaux qui sont malpropres, sont gardés par des pâtres qui le sont encore davantage.

Château-Chinon où nous arrivâmes, et cette fois le jour, est sur la déclivité de l'une des plus hautes montagnes du Morvand : c'était autrefois une place importante entourée de fortifications considérables et défendue par un vaste château environné de doubles fossés dont on voit encore quelques vestiges ; elle était connue sous le nom de *Castrum Caninum.* Les Romains, qui y trouvèrent un temple dédié à Anubis, y construisirent une forteresse. Les Anglais s'emparèrent de cette ville en 1467 et la saccagèrent ; les royalistes s'en rendirent maîtres après un long siége et passèrent au fil de l'épée la garnison et une grande partie des habitants ; elle fut, après la bataille de Pavie, cédée à la Bourgogne et appartint ensuite au prince de Condé qui l'échangea avec Louis XIII pour le pays de Gex, puis elle passa à la maison de Savoie qui la vendit à vil prix en 1719. Des ruines du château la vue est magnifique : cette ville n'a pas de monuments; les rues ont une pente très-rapide. Il y a une belle promenade; les alentours sont très-pittoresques.

A Chassy, il y a, sur la gauche de la route, un château dont les jardins bordent cette route. A peu de distance, et près du village d'Enfer, commencent la prise d'eau et le réservoir qui servent, au moyen d'une rigole qui fait un long parcours dans une localité très-accidentée, à alimenter le canal du Nivernais. Un peu au-dessous, à Montreuillon, la rigole passe au-dessus d'une rivière au moyen d'un pont extrêmement élevé qui prend l'eau d'une montagne pour la passer et lui faire contourner une autre montagne.

Le pont-canal du Guétin est un travail très-curieux et parfaitement exécuté ; mais ce travail se borne à la traversée de l'Allier, et le canal reprend ensuite son cours ordinaire.

Le pont-rigole de Montreuillon, s'il n'est pas aussi étendu, est beaucoup plus élevé : c'est le chaînon qui réunit deux montagnes. Le parcours de la rigole sur le versant de ces deux montagnes est quelque chose de surprenant et de très-curieux, et puis le site est vraiment admirable. On vient de très-loin voir ce beau travail et cette localité charmante.

A moins de quatre kilomètres avant d'arriver à Vauclaix, on découvre à droite, sur une montagne bien cultivée, le village de Gacogne dominé par le clocher de sa petite église, et un peu au-dessous, sur le versant de cette montagne, la belle terre de Raffigny. Au devant de l'ancien château auquel on arrive par une route charmante qui longe la rivière d'Anguison, en faisant autant de circuits qu'elle, il y a une belle terrasse qui domine le potager et une immense prairie. Une petite chapelle est à droite de la principale porte d'entrée. Les constructions à gauche, les annexes faites au château et le parc qui est d'une grande étendue, sont l'ouvrage de M. Dupin qui a su, par des plantations superbes et bien entendues, par la direction qu'il a donnée à des eaux autrefois perdues et qu'il a habilement réunies et distribuées d'une manière admirable, et par de grands mouvements de terre, faire de Raffigny une résidence très-agréable. Tous les visiteurs, et ils se succèdent chaque jour en grand nombre, principalement dans le temps des vacances, admirent tous ces beaux travaux, et s'en retournent satisfaits de ce qu'ils ont vu, de l'hospitalité et de l'accueil qu'ils ont reçu.

On pourrait croire qu'après les travaux aussi pénibles de la tribune où M. Dupin, comme président (1) et comme orateur, brille d'un éclat aussi vif, que sa retraite à Raffigny, dans l'intervalle des sessions, est pour lui un temps de repos : ce serait une erreur; il y est continuellement occupé. L'agriculture et les améliorations à faire fixent particulièrement son attention; lorsque le temps ne lui permet pas d'aller dans ses domaines ou de visiter et de surveiller ses exploitations et les nombreux ouvriers qu'il emploie, il écrit, répond aux messages et aux nombreuses lettres qu'il reçoit chaque jour, surtout de la capitale; reçoit les visiteurs; donne des conseils aux jeunes gens pour leur meilleure direction; entend les réclamations de tous; promet son appui à ceux qui lui paraissent y avoir droit, et donne, sur des différends de famille ou sur des procès, des conseils dont ceux qui viennent les demander se trouvent toujours bien.

Il sait faire une si bonne répartition de son temps, qu'il trouve encore le moyen de visiter quelques localités pour s'enquérir de leurs besoins et d'assister à l'inauguration de

____

(1) Je rappelle que j'écrivais ces lignes en 1845.

monuments et à différents comices qu'il préside et où il prononce des discours qui sont pour les agriculteurs d'utiles enseignements et des encouragements à faire toujour mieux.

Il s'occupe même de la direction de l'administration municipale de sa petite commune.

Sa haute intelligenée s'étend à tout; il encourage les arts, les industries, les inventions et tout ce qui peut contribuer au progrès et au bonheur de l'homme.

Le département de la Nièvre et particulièrement l'arrondissement de Clamecy, doivent à sa grande et heureuse influence la majeure partie de leurs routes, la restauration de leurs monuments (J), les secours aux ouvriers sans travail et aux victimes des sinistres, les récompenses pour les actes de dévouements, etc. Que de personnes ont obtenu des places, de l'avancement et des distinctions sur sa recommandation ! Il a fait aussi bien des ingrats : c'est malheureusement le cours le plus ordinaire. Celui qui est dans une haute position ne fait jamais assez; plus il obtient, plus on exige de lui, sans s'inquiéter si ce qu'on sollicite est juste ou non.

> Plus on sert des ingrats plus on s'en fait haïr ;
> Ce que l'on fait pour eux ne fait que nous trahir.

Pour certaines personnes rien ne pèse comme la reconnaissance, et, pour en alléger le poids, les unes cherchent, dans leur orgueil ou dans leur intérêt, à oublier et même à nier le bienfait; d'autres se font les ennemis politiques du bienfaiteur. Sans doute une pareille conduite est faite pour affliger le cœur de M. Dupin : mais, toujours grand, toujours bon, il oublie facilement les torts de ceux qui lui pa-

(J) Voir à la fin du volume.

raissent revenir sincèrement à lui (K). Au surplus, comme ses bienfaits et les services qu'il rend sont les conséquences d'un penchant naturel qui le porte à obliger, il trouve dans le bien qu'il fait une satisfaction qui est pour lui la récompense de son action.

Après Vauclaix, on entre bientôt dans les bois. Après les avoir traversés, on aperçoit devant soi l'étang du Goulot où la route semble se perdre ; à droite, les belles plantations de sapins de M. Heulhard-Montigny dont le château de Préfontaine est à peu de distance ; à gauche, sur la butte de Chatain, la belle maison de M. Lemoine, au milieu d'un petit parc charmant.

Un peu plus loin, sur le point culminant d'une montagne, la vieille église de Lormes frappe les regards. Lormes est sur un plateau élevé, dans un riant bassin, arrosé par un ruisseau alimenté par plusieurs étangs ; l'un des faubourgs et quelques maisons isolées sont sur le versant Est et au pied de la montagne de l'église. Cette petite ville a pris depuis plusieurs années une certaine importance par son commerce, son activité et ses progrès. M. Heulhard-Montigny, par ses nombreuses constructions et par la manière dont il a su, dès le principe, diriger les ouvriers, a donné une bonne et heureuse impulsion. On y bâtit et surtout beaucoup mieux, seulement on n'entretient pas toujours très-bien les maisons qui prennent en peu de temps une teinte noire. Il y a un bel Hôtel-de-Ville faisant face à la grande place. On regrette seulement que le toit soit de niveau et se confonde avec celui de la maison voisine ; on évitait cet inconvénient en l'élevant d'environ un mètre au-dessus de ce dernier toit : de cette manière le monument se détachait et y gagnait. Plusieurs routes aboutis-

(K) Voir à la fin du volume.

sent à la place, notamment celles de Clamecy, Avallon, Saulieu, Château-Chinon et Corbigny ; de belles promenades entourent un vaste champ de foire : en face, et dans la plus belle situation, il y a, à l'extrémité de ce champ, l'ancien château de la famille Lelièvre de la Grange, qui a été morcelé ainsi que toute la terre qui était considérable.

Les tours, les créneaux, les ponts-levis, les cachots, les antiques souvenirs du château n'ont pas disparu sous les coups de marteau des bandes noires, que P.-L. Courier a si bien stigmatisées dans sa fameuse lettre au *Censeur*. Ce sont les propriétaires eux-mêmes qui ont vendu en détail toute la terre de Lormes, y compris la montagne de la justice où était autrefois le gibet. La spéculation est leur ouvrage et le bénéfice leur en est revenu. Tout, cependant, n'était pas curieux dans ce château, je me rappelle y avoir vu dans ma jeunesse un instrument de torture qui m'impressionna beaucoup. Si les propriétaires ont fait un grand bénéfice, eu égard au revenu de la terre, ils ont augmenté, suivant l'homme bizarre dont il est parlé dans la même lettre, d'autant plus le travail, les produits, la richesse, le bon ordre, le bien de tous et de chacun.

Peu importe que le péristyle du château soit converti en une rue à ciel découvert, que l'escalier d'honneur et le salon soient d'un côté de la rue, la salle à manger et les cuisines de l'autre, et que l'immense cour soit convertie en constructions et en jardins : le château n'était jamais habité, et un incendie et les réparations qui en avaient été la conséquence, lui avaient fait perdre le cachet de son époque et son ancien style. Après la révolution de 1789, les tourelles qui ornaient chacun de ses angles furent rasées comme signe de féodalité ; on y tint ensuite des clubs, et je me rappelle y être allé : où ne vont pas les enfants ? Des plaintes, des dénonciations, des bravos, des à-bas, chouans, aristocrates, et des clameurs de toutes sortes, c'est tout ce qui frappait ma jeune imagination et tout ce que j'ai pu en retenir.

A l'autre extrémité du champ de foire ou des promenades, il y a un très-bel hospice et un pensionnat de demoiselles. On a bâti dans le centre de la ville une caserne (1), et en face une vaste maison vient d'être achetée pour y faire une école d'enseignement mutuel. A la vérité, cette acquisition a soulevé les passions des partis; parce que cet établissement se trouverait de cinquante mètres à peine plus rapproché d'un quartier de la ville que de l'autre; elle est l'objet d'attaques contre le maire et il est douteux qu'elle soit maintenue, l'indifférence et le découragement ayant fait place au zèle que l'autorité avait d'abord montré. C'est ainsi que les avantages d'une ville sont presque toujours sacrifiés aux coteries et aux jalousies d'une partie de la ville contre l'autre. De mesquins intérêts, des rivalités de marchands éclatent dans ce moment avec la plus grande passion et se font jour de toutes manières.

Au midi de la ville et touchant à ses maisons, il y avait un étang dépendant de la terre de Lormes; cet étang, plein de joncs et d'autres plantes aquatiques dont quelques-unes donnaient un fruit ressemblant à la châtaigne, connu dans le pays sous le nom de cornuelles et ailleurs sous celui de macre, répandait des exhalaisons morbifiques et était, dans

(1) La caserne est précédée d'une vaste cour, à droite de laquelle on a construit une halle. M. Marlière, dans sa statistique, dit que l'emplacement n'a pas été heureusement choisi. Je suis de cet avis. Une halle au milieu d'une ville et près d'un monument avec lequel il se confond en quelque sorte, fait perdre à celui-ci de son importance et de sa beauté, et entrave la circulation toujours considérable dans le centre d'une ville.

la saison des bains et de la récolte des cornuelles, l'occasion de fréquents accidents; je m'y suis souvent baigné. Une fois je me trouvai embarrassé dans le lacis des plantes aquatiques; elle m'enroulèrent comme des serpents; je parvins cependant à me dégager et à éviter le danger. Pannetrat, l'un de mes camarades, ne fut pas aussi heureux; il chercha bien à éviter ces maudites herbes et à s'en débarrasser lorsqu'il en fut enroulé; mais elles ne firent que l'enrouler davantage et il se noya sous leur étreinte, sans qu'on pût aller à son secours. Ce fut une affliction générale: c'était un si bon jeune homme! Une autre fois, des chercheurs de cornuelles avaient fait, selon l'usage, une espèce de radeau avec des joncs rassemblés, entrelacés et placés entre plusieurs perches arrêtées par des liens, qu'ils lancèrent sur l'eau et dirigèrent à l'aide d'une longue rame.

A leur retour près de la chaussée, ils enlevèrent les traverses et les liens, et laissèrent à l'abandon le radeau ou plutôt les joncs qui restaient seulement entrelacés; je montai dessus, et à l'aide d'une simple perche que je pus me procurer et qui devait me servir d'aviron, je fis une promenade sur l'étang et détachai quelques cornuelles. Mes parents, prévenus du danger que je courais, se rendirent aussitôt sur la chaussée de l'étang et me dirent, en affectant un air tranquille et en termes fort doux, de revenir. Je pus ramener ma frêle embarcation et sauter sur la chaussée; mais je vis aussitôt à la figure des personnes qui étaient sur cette chaussée, combien j'avais été imprudent: la correction paternelle me le prouva à n'en pas douter et de manière à ne pas recommencer.

Cet étang, qui était l'occasion de fièvres intermittentes qui décimaient ce quartier, a été desséché par son propriétaire, et une belle route le traverse maintenant dans toute son étendue.

8.

Un quartier de la ville, que l'on croit être le vieux Lormes, auquel on arrive par un pont établi sur le ruisseau près de l'une des portes, avait dans son enceinte un château qui fut pris et détruit il y a plusieurs siècles, et non rétabli; il a conservé le nom de vieux château et il possède encore une tour et une vieille chapelle qui paraissent être des dépendances du château. Ce quartier est très-laid, mal bâti, et ses rues constamment boueuses sont étroites et tortueuses. L'autre château, sur la rive droite du ruisseau et sur le plateau d'une forte colline, n'avait pas une origine aussi ancienne : tout même porte à croire qu'il n'avait été construit que pour remplacer le premier. On ne concevrait pas l'existence de deux châteaux aussi rapprochés : c'eût été élever deux puissances rivales et engendrer des querelles et des luttes alors si communes. A l'extrémité du faubourg Saint-Jacques, il y avait une Maison-Dieu, et à celle du faubourg Saint-Alban, une maladrerie. Dans le temps que la comtesse Mahaut, comme je l'ai dit dans ma dernière brochure, affranchissait à Drui les habitants d'Auxerre, Hugues III qui avait signé le contrat, entraîné par cet acte de justice, affranchit à son tour les habitants de Lormes dont il était le seigneur.

Lormes était autrefois fortifié; la dernière porte d'entrée vient d'être démolie pour élargir la rue. Il ne reste plus de ses anciennes fortifications que des tours et des vestiges de fossés.

Au moyen âge et lors des guerres de château à château, Lormes fut sur le point d'être envahi par des gens armés qui rôdaient dans le voisinage. Profitant d'une assemblée à Corbigny où ils présumaient que tous les hommes s'étaient rendus suivant leur habitude, ils se présentèrent au devant des remparts, espérant réduire facilement des vieillards, des femmes et des enfants, et sommèrent ceux q .i

étaient restés dans la ville de leur ouvrir les portes. Les
dames se présentèrent, refusèrent d'obtempérer à la som-
mation, firent tomber sur les assaillants une grêle de pro-
jectiles, et firent si bonne contenance qu'elles donnèrent
aux personnes qui étaient allées à Corbigny le temps d'arriver. Les assaillants furent alors obligés de battre en
retraite.

En souvenir et en reconnaissance de cette belle résistance, on accorda aux dames de Lormes l'honorable privilége de marcher, dans les processions religieuses, avant
les hommes.

Aux fêtes Dieu et aux Rogations, c'est un coup d'œil ra-
vissant que de voir la procession, cette longue suite de
dames en tête, descendre sur deux files la côte de l'église.

Cette cérémonie, avec les souvenirs qu'elle rappelle,
excite l'admiration et cause une certaine émotion.

L'église ne suffit plus pour les besoins de la population;
elle est en mauvais état et trop éloignée de la ville; la
pente pour y arriver est difficile : ce qu'il y aurait de mieux
à faire, ce serait de l'abandonner, de n'avoir là qu'une
chapelle et un calvaire auquel on arriverait par un chemin
en zigzag, ce qui adoucirait la pente, et de construire près
de la promenade une église plus grande et plus monumen-
tale.

De l'ancien cimetière qui entoure l'église, on a une vue
magnifique ; un bassin immense se développe devant vous
du Sud-Est au Nord-Ouest.

Il y a beaucoup d'activité à Lormes ; il est commerçant,
et ses habitants sont industrieux et laborieux. Cependant,
comme il ne fournit pas suffisamment d'emplois aux jeunes
gens, on voit la plupart d'entre eux se rendre dans la capitale où ils trouvent facilement à s'occuper. On pourrait
en citer un très-grand nombre, et, entre autres, MM. Prèl...,

Ribal..., (1) les frères Per..., les frères Lemoi.., Chap... (2), qui, à force de travail et de bonne conduite, y sont arrivés à la fortune, et quelques-uns même aux places et aux honneurs, et sont la satisfaction de leurs parents.

Après la révolution de 89 et lors de l'établissement des tribunaux de district, celui de Corbigny siégeait à Lormes ; des hommes de loi se trouvaient alors en assez grand nombre dans cette dernière ville ; les plus connus par leur savoir étaient : MM. Houdaille, Heulhard (père de M. Heulhard-Montigny), Comery, Desmolins et Tardi. Ce tribunal eut un jour à juger une singulière affaire, l'une de ces causes grasses, comme on dit au palais, qui défraya beaucoup la curiosité publique : Griffon était la terreur des matous ; il les poursuivait avec acharnement, et lorsqu'il les avait atteint, il les tuait impitoyablement ; il faisait le mal pour le plaisir de le faire, car ni lui ni son maître n'en

(1) A la grande exposition du Palais de l'Industrie, M. Ribal... qui est un ébéniste distingué, exposa, entre autres meubles sortant de ses ateliers, un buffet gothique d'un travail et d'une beauté très-remarquables. Une multitude de personnages, sans confusion et du plus bel effet, représentant je ne me rappelle plus quel sujet, en faisait l'un des principaux ornements. On en élevait le prix à 20,000 fr. Mon compatriote voulut bien m'en faire voir toutes les beautés.

(2) M. Chap... est un artiste distingué qui a eu des succès à l'Opéra. Avec un peu de travail et de persévérance, il sera aussi merveilleux comédien que chanteur accompli. Espérons donc qu'il reviendra de Rome où il est allé pour la seconde fois refaire sa voix que l'élévation disproportionnée du chant actuel avait un peu brisée. Il est vrai de dire qu'au chant on a fait de nos jours succéder les cris, et qu'on torture la voix en lui imposant l'attaque de notes hors nature, et en lui faisant dominer le bruit écrasant de l'orchestre. Aussi que d'artistes distingués ont été forcés de se retirer de l'Opéra !

tiraient aucun profit ; il est vrai qu'alors les physiciens ne
se servaient pas de la peau pour leurs machines électri-
ques, qu'on ne savait pas faire un civet de la chair, des
cordes à boyau et de la colle à gélatine des intestins, ni
métamorphoser les fourrures du chat en vison du Canada.
Un jour, Griffon, qui ne rencontrait plus de matous, osa
attaquer les chattes ; sa première victime fut Minette, l'admirable chatte de madame N.., Griffon fut trouvé en
flagrant délit, et il fut cité en la personne de son maître.
L'avocat de madame N. fit l'éloge des qualités de Minette,
dit la douleur et les larmes de sa cliente, et insista tellement
pour avoir des dommages-intérêts, que M. Desmolins, qui
avait un esprit facétieux, lui répondit plaisamment : Eh !
qu'allait faire, à neuf heures du soir, votre chatte dans la
Creuse (petite rue écartée)? Loin d'être la chatte merveilleuse, c'était une libertine qui courait la prétentaine ;
elle a mérité son sort ; il ne vous est dù aucune indemnité,
et Griffon ne peut encourir aucune peine.

IX

AGRICULTURE, PROGRÈS, INVENTIONS

Grâce à l'impulsion donnée par MM. Heulhard-Montigny, Dupin, Baudot, Baumier (Nicolas), Borne Grand-Pré,
Jullien-Roux, etc., l'agriculture a fait dans la contrée de
Lormes et les environs de très-grands progrès. Toutes les
terres qui, il y a quarante ans environ, étaient ou incultes
ou produisaient très-peu, sont maintenant très-bien cultivées et rapportent beaucoup; on y fait même, depuis
quelques années, des prairies artificielles.

Cette révolution et ce progrès sont dus aussi au morcel-
ment des propriétés. Il y a quarante ans environ, il y avait
auprès de Lormes plusieurs corps de biens dont les propriétaires ne retiraient presque rien et où les fermiers se
ruinaient. La plupart des terres étaient en friche; on n'a-
vait nul soin des héritages qu'on laissait sans clôture et à
l'abandon; des chemins les traversaient en tous sens. Ni
le propriétaire ni le fermier n'auraient voulu faire les moin-

dres frais pour l'écoulement des eaux, pour assainir et unir le terrain, et pour enlever les roches qui étaient çà et là dans les terres. On ne tentait aucun essai ; on ne faisait aucune plantation ; un autre mode de culture eût été rejeté comme une innovation dangereuse ; on n'avait souci de rien. Aussi les biens étaient sans valeur ; mais, depuis quarante ans, tout a pris un autre aspect : les corps de biens ont été vendus en détail et les héritages sont maintenant parfaitement clos, très-bien entretenus et cultivés si b'en qu'on les fait rapporter chaque année. Tel propriétaire qui ne retirait de son domaine que 600 à 700 francs à peine, l'a vendu en détail 100,000 francs, et s'il fallait aujourd'hui réunir les parcelles de ce domaine, ce n'est pas 300,000 francs qui pourraient les racheter. Une multitude d'individus est devenue, par ce moyen, propriétaire, et a acquis une aisance qu'elle n'avait pas auparavant.

Quelques personnes considèrent cependant cet état de choses comme un malheur ; elles jettent les hauts cris lorsqu'elles voient démembrer une terre ; elles disent qu'avec ce système on ne pourra plus faire d'élèves ni engraisser de bêtes aumailles pour les marchés de la capitale : ce sont des clameurs sans fondements ; car bien que cela ne puisse s'appliquer au Morvand, on sait très-bien qu'on ne peut guère vendre de biens en détail qu'auprès des villes où il y aura toujours un excessif avantage à le faire ; ensuite il restera toujours assez de domaines pour faire des élèves et ce qu'on appelle des embauches ; toutes les terres qui sont éloignées des villes ou qui ne sont pas très-rapprochées de villages un peu considérables et dont les habitants sont dans l'aisance, ne pourront jamais être vendues sans détérioration en détail : on ne trouverait pas d'acheteurs.

Le véritable mot de tout ce bruit, c'est qu'on voit avec peine les prolétaires devenir propriétaires et acquérir de

l'aisance, et que certains individus voudraient voir se per-
pétuer dans les familles les corps de biens et les mettre
ainsi hors du commerce.

Avec ce système, dit-on encore, le nombre des électeurs
va augmenter; (1) où est le mal, s'il vous plaît? les suf-
frages des prolétaires sont aussi appréciés que les autres.
Tous ceux qui contribuent aux charges doivent participer
aux avantages; tous doivent jouir des mêmes droits; il n'y
aurait d'inconvénient qu'autant que le peuple ne recevrait
pas d'instruction, et que, sans connaissance de ses droits, il
serait dans les conditions où veut le placer l'auteur d'*Eleuthérie*.

Il faut tout dire, le moindre changement, la plus légère
innovation, l'annonce seule d'une invention effraient certains esprits. On a peine à croire à tout ce qui peut nous
faire sortir de nos habitudes et d'une vieille routine; on ne
peut s'imaginer qu'il puisse y avoir quelque chose de meilleur et de plus parfait.

« Le vice de notre temps, disait Abeilard, c'est de croire
« qu'on ne peut plus rien inventer, et si quelqu'un, parmi
« nous, fait une découverte, il est obligé de la mettre sous
« le nom d'un ancien. »

Ce qui était vrai au douzième siècle l'est encore au dix-
neuvième; les hommes sont toujours, et en tout temps, les
mêmes : il y aura toujours des esprits chagrins et fron-

(1) Le suffrage universel a été rétabli par le décret du 10 décembre 1851, et rien ne doit porter atteinte à l'indépendance du
vote électoral; il est admis toutefois, pour ne pas livrer entièrement le champ de bataille à l'opposition, que le gouvernement peut
exercer une influence morale, éclairer le suffrage universel, indiquer et patroner les candidats en rapport avec sa politique, à la
condition qu'ils aient l'estime et les sympathies de l'immense majo-
rité du pays.

deurs; il faut, en effet, du temps à la vérité pour triompher de l'erreur. La routine et les préjugés opposent une résistance qui arrête partout le progrès et la civilisation; mais on a beau faire, ce qui doit être sera : c'est une affaire de temps, et le temps est un grand remède qui réduit les plus récalcitrants.

Le progrès cependant ne peut aller jusqu'à dire : Il nous faut du nouveau, n'en fût-il plus au monde. Car le nouveau n'est pas toujours un progrès, comme détruire pour refaire ne constitue souvent qu'une dépense inutile (1).

(1) La fièvre de reconstruction de Paris a gagné la province, et il n'est pas si petite ville qui ne veuille avoir son emprunt d'embellissement ; à la vérité quelques économistes ont essayé de prouver que la dette publique est la richesse des nations, et les villes, s'emparant de ce produit de l'imagination et se l'appliquant, se laissent aller aux entraînements du luxe et à la passion des constructions somptueuses, démolissent, reconstruisent et empruntent. Cependant il y a quelques exceptions. J'habite depuis dix ans un département où les choses ne se passent pas tout à fait de même. Ainsi, le conseil-général de l'Yonne, dans la séance du 28 août, revenant sur une mesure prise, a déclaré qu'il renonçait à installer le Palais-de-Justice sur l'emplacement de Notre-Dame-là-Dhors, parce qu'il entraînerait le département dans des dépenses hors de proportion avec ses ressources.

Cette prudence et cette réserve ont reçu l'approbation générale.

Voici ce que disait sur ce point M. Dupin, parlant sur le budget de 1841 :

« Le même prurit de dépense, le même empressement à dépenser a débordé dans toutes les localités; il s'est emparé des départements, des arrondissements, des communes. Et maintenant ne perdez pas de vue, que, dans chaque localité, le poids des centimes additionnels est énorme, que l'impôt est presque doublé..... »

Que ne doit-il pas dire maintenant?

Ne vous avisez pas, toutefois, de faire la moindre critique à cet égard, on s'écrierait aussitôt :

> . . . . Quoi ! toujours les plus grandes merveilles
> Sans ébranler ton cœur frapperont tes oreilles,
> Faut-il, ingrat, faut-il vous retracer le cours
> Des prodiges fameux accomplis en nos jours ?

Ou bien, comme ces courtisans espagnols que la rigueur de l'étiquette empêche de secourir la reine en danger de mort, on vous dirait volontiers, dans l'élan d'une admiration exagérée : Ne touchez pas à nos travaux.

On entend par progrès le perfectionnement humain, les développements de l'industrie, l'établissement des chemins de fer et des machines à vapeur, l'extension du commerce, l'industrie agricole comprenant le drainage, les instruments aratoires, les charrues à vapeur, le dessèchement des marais et des étangs insalubres, les comices et les expositions des produits agricoles, l'importation des plantes et des végétaux susceptibles d'être acclimatés avec avantage, etc.

Il y a bien des siècles, mille ans avant Jésus-Christ, Salomon disait qu'il n'y avait plus rien de nouveau sous le soleil, *nihil novi sub sole*, et il y a moins de deux siècles que Fontenelle, à qui on demandait ce que serait le monde dans un siècle, « Ce qu'il sera, dit-il, ce que nous sommes « pour ceux qui nous ont précédés de cent ans dans la « vie. Nous tenons pour vulgaire, et sans même nous en « retourner, une foule de choses que nos aïeux eussent re- « gardées comme impossibles, et qui les eussent fait crier « au miracle et à la magie ! Il en sera de même de nos des- « cendants; ils hausseront les épaules, en disant de nous : « Les pauvres gens ! sauf à recevoir, plus tard, le même « camouflet de leurs petits fils. »

Cependant, il ne prévoyait pas que moins de deux siècles après sa mort on naviguerait dans les airs, qu'on ferait faire en une seconde son portrait par le soleil, qu'on enverrait à Londres une dépêche dont on recevrait la réponse en trois minutes, qu'on irait de Paris à Bruxelles en un peu moins de huit heures, etc. (1).

Faites du nouveau comme celui-là, et Salomon lui-même reconnaîtra qu'il se trompait : Dieu seul peut savoir quelle révolution les chemins de fer opéreront avec le temps dans les idées et les mœurs de l'Europe. Les habitudes, tes vêtements, les paroles, tout change au gré des civilisations.

Déjà les habitants des campagnes, naguère isolés, réduits à leurs propres ressources, condamnés dans leurs villes à une sorte d'internement, par les difficultés et le temps qu'exigeait le moindre voyage, affranchis de ces entraves, se sentent entraînés loin du clocher du pays natal, loin du foyer domestique, loin du patrimoine de la famille, commencent à s'assimiler aux habitants des villes, y envoyent leurs enfants, et laissent tomber en désuétude leurs costumes pittoresques et leurs poétiques traditions.

Est-ce un bien? est-ce un mal? L'avenir le dira.

On n'emploie pour le labourage que les bœufs du Morvand; ils sont forts, dociles et courageux : je n'ai jamais vu se servir d'autres bœufs ni de chevaux; ils ne conviendraient peut-être pas à la localité où le terrain, très-accidenté et plein de roches, a des pentes extrêmement raides.

Je crois cependant que l'on fait quelques essais, et l'on fait bien.

(1) L'auteur d'*Eleuthérie* prétend cependant que tout ce qu'il y a de bon et de véritablement utile, a été inventé depuis longtemps. La France est en progrès, dit-il, oui, mais c'est le progrès de l'écrevisse. D'autres osent dire : tout est du vieux-neuf dans ce monde.

A 3 ou 4 kilomètres de Lormes il y avait au Val-Saint-Georges le couvent des Chartreux (cet ordre, fondé en 1084 par saint Bruno, était l'un des plus austères; il l'établit avec six religieux au milieu de montagnes arides et de difficile accès, près de Grenoble). Ces cénobites portaient une robe de drap blanc serrée avec une ceinture de cuir, et un capuchon; le cilice ne les quittait jamais, et une corde entourait leurs reins : ils se consacraient à la vie contemplative. Lors de leur suppression, ils se dispersèrent; l'un d'eux, don Xavier, se retira à Lormes, où il reçut un asile chez de vieilles et respectables filles, mesdemoiselles Bethnon.

Au-dessous de Lormes et Entollin, où la rivière, resserrée à la base de deux montagnes très-escarpées, roule avec fracas à travers des roches, et forme cascade en certains endroits et particulièrement auprès de la grotte des Fées (L), M. Heulhard-Montigny a pratiqué, de droite et de gauche de la rivière, des rigoles dont les eaux, à la sortie de ses bois et après un long parcours, viennent envelopper un domaine auparavant de nulle valeur, ce qui le faisait appeler *Vaurin*, pour ne pas dire *vaut-rien*, l'arrosent en toutes ses parties, même les plus inégales, et font d'héritages autrefois incultes, tant ils produisaient peu, d'excellentes prairies.

Ce travail, très-curieux, habilement exécuté sur un terrain rocailleux et difficile, est souvent visité par les connaisseurs.

Lormes est très-mal pavé, et les eaux qui coulent sur la place et en d'autres endroits incommodent souvent et les habitants et les voyageurs; les rues sont très-boueuses et souvent encombrées. Il faut espérer que, lorsque le pavé

(L) Voir à la fin du volume.

et les aquéducs qui sont en projets seront établis, la police des rues sera mieux faite (1),

A notre arrivée à Lormes et après nous y être reposés, nous allâmes à Richâteau, hameau agréablement situé à deux kilomètres de la ville et où nous passâmes une matinée charmante à la jolie maison de campagne de M. Perrot aîné, de La Villette. Après le déjeuner, les enfants de M. Perrot et de M. Lemoine, qui s'étaient procuré un âne, montèrent tour à tour dessus, et armés de baguettes auxquelles ils avaient fixé des épingles, ils lui perçaient les flancs pour le faire aller plus vite; ils lui firent faire plusieurs fois le tour du potager et du jardin anglais en le pressant toujours davantage : monté une dernière fois par Améd., il s'affaissa sous son cavalier, et ils roulèrent ensemble aux grands trépignements de joie des enfants. Le cavalier se releva; mais le pauvre âne, haletant, épuisé de fatigue, resta étendu sur la pelouse. On détacha ses sangles, on lui jeta de l'eau et il put se relever. Les enfants se retirèrent pour faire ailleurs d'autres espiégleries.

Revenus à Lormes, nous partîmes bientôt pour Clamecy (M), satisfaits de notre excursion, et en nous promettant bien d'explorer d'autres contrées.

(1) Depuis quelques années ces projets ont été mis à exécution ; le ruisseau ne traverse plus la place, et l'on peut dire que Lormes a subi une heureuse transformation ; aussi je répéterai avec plus de plaisir encore :

> Combien j'ai douce souvenance
> Du joli lieu de mon enfance.

(M) Voir à la fin du volume.

NOTES

Note A, *page* 8.

La ville de Vienne est entourée de murailles; elle est petite, laide et a, à peine, 50,000 habitants; mais elle a 34
faubourgs qui sont étendus et qui offrent un bel aspect. La
population totale est de 400,000 habitants.

Note B, *page* 8.

L'emplacement de Rome occupe 12 collines; sa population
est de 180,000 âmes, et elle a environ 21 kilomètres de tour:
mais elle n'est pas tout habitée : ce qui l'est est au nord de
la Rome ancienne qui, du temps d'Auguste, avait avec ses
faubourgs 16 lieues de tour, et, selon Pline, trois millions
d'habitants. Nulle ville au monde n'offre autant de monuments anciens et modernes accumulés dans un espace aussi
étroit. Ce sont les ruines de plusieurs constructions antiques
qui ont servi à bâtir les modernes; le vieux temple de Ro-
mulus et de Rémus a été remanié pour en faire la basilique
de Saint-Côme. Les degrés qui servaient à monter au Capitole sont usés par le temps, et la roche Tarpéienne, qui ser-
vait à lancer les condamnés, est masquée par d'affreuses
baraques. De la montée du Capitole on aperçoit les ruines
de plusieurs temples : le Tullianum, prison où périt de faim

Jugurtha ; les thermes de Caracalla, le temple de Vesta et la voie Sacrée qui menait au temple de Vénus, au Colysée (1) et à l'arc de Constantin. Les monuments sont entassés comme les tableaux dans un musée ; chaque débris a son histoire. Cependant tout n'est pas beau à Rome, le Ghetto, notamment, est un étroit et affreux quartier, cloaque immonde où le jour et l'air ne pénètrent pas et où les juifs étaient autrefois renfermés sous des grilles.

Le Tibre, autrefois ce roi des fleuves, qui conduisait à Rome les dépouilles opimes des peuples et approvisionnait une ville de plusieurs millions d'habitants, ne sert plus qu'à charrier à la mer les engrais qu'on y jette et qui se perdent totalement à Rome parce qu'on les répute contraires à la fertilité de l'agro-romain ; mais qu'importe que Rome n'ait plus la même étendue et la même population, et que son fleuve n'ait plus la même destination ; ce qui fait sa gloire, c'est qu'elle est la capitale du monde catholique, la ville éternelle et le siége du Pape, le père commun des fidèles. « Rome est toujours restée debout, dit un publiciste distingué, et à ce centre de la chrétienté il y a un pape comme il y en avait un sous Néron, alors que le christianisme naissant était déchiré dans le cirque par les bêtes féroces. »

Note C, page 20.

La peine contre les usurpateurs de titres de noblesse vient d'être rétablie, et, comme on est résolu d'appliquer la loi, la besogne du Conseil du sceau, par suite des demandes en collation, confirmation et reconnaissance de titres, est immense : celles des usurpateurs de noms et de titres paraissent être en aussi grand nombre que celles de ceux dont la loyauté ne peut être suspectée. A cette occasion un homme de lettres a publié l'article suivant : Certains marchands devraient être considérés comme complices ; ils éprouvent le besoin de donner des *de* à leurs clients, d'aristocratiser leurs

(1) Le Colysée, qui n'offre plus que les ruines de l'amphithéâtre de Vespasien, contenait plus de cent mille personnes.

noms; ils y rencontrent deux avantages : le premier c'est que cela leur fait une excellente réclame.

Vous entrez dans un magasin et vous essayez un objet; le marchand trouve le moyen de dire à son épouse ou à son premier commis : A-t-on porté la parure de Madame de.....; les articles de M. le comte de...... de M. le marquis de.....? Vous n'osez pas discuter le prix avec un commerçant qui a une si noble clientèle, vous achetez; autre avantage : la société élégante et bourgeoise est très-vaniteuse; elle accepte la particule que lui donne le marchand (1). Un dandy, à qui il ne manque qu'un titre pour figurer avec éclat dans tous les salons, se dit en s'entendant appeler baron : Ce marchand est un homme intelligent; à ma mine il m'a pris pour un gentilhomme; il répare les erreurs de la nature qui a oublié de mettre une couronne dans mon berceau; mais bah! j'en mettrai une quelconque sur mon argenterie et sur mes voitures..., et il achète. Achetez, Monsieur; mais, croyez-moi, ne prenez ni titre, ni blason, ni particule : la loi et le ridicule pourraient vous atteindre. Il vous restera une ressource, la livrée. Vous me direz : C'est bien insignifiant, bien répandu et un peu prétentieux. — Prenez toujours, et ne vous arrêtez pas à la modeste casquette de votre maître Jacques.

Quand on prend du galon, on n'en saurait trop prendre.

Cela attirera un instant l'attention; croyez qu'elle se reportera bientôt sur un autre événement; rappelez-vous le chien d'Alcibiade et ne vous préoccupez pas de la grenouille de Lafontaine : les grands personnages ont usé assez longtemps du droit exclusif d'avoir une livrée; il n'y a plus de lois somptuaires réformant le luxe et réglant les dépenses.

Il y a moins d'un an, un noble, porteur d'un grand nom, épousa la fille d'un opulent industriel sans noblesse. Le faubourg Saint-Germain ne fut pas seul à s'en émouvoir. On appelait cette union une mésalliance, et pourquoi? Le gen-

(1) Les fournisseurs entendent généralement la noblesse à leur manière : ils n'admettent pas qu'un simple plébéien ait des velléités d'élégance et qu'on soit riche sans être noble.

tilhomme ne se déshonore pas, ne ternit pas son blason en épousant la fille d'un plébéien ; mais c'est celle-ci qui s'expose très-souvent à être dédaignée, délaissée et à ne plus voir ses parents dont on a obtenu tout ce qu'on désirait, une riche dot. Les nobles expliquent ces alliances en disant que par là ils ne font que redorer leur blason, comme le gentillâtre à qui le blason fait défaut et dont le langage n'est pas aussi relevé, prétend qu'en épousant la fille d'un roturier il ne fait que fumer ses terres; et qu'on remarque bien qu'un noble, pour refaire sa fortune, épousera avec une certaine satisfaction la fille d'un plébéien, mais qu'on verra rarement un plébéien épouser la fille d'un noble. La raison que les nobles en donnent est que la fille, par le mariage, perd son nom pour prendre celui de son mari, et que le mari non noble apporterait le sien dans les actes et sa personne dans les réunions de la famille noble.

Dans *le Mariage de raison*, un père qui a conquis ses titres de noblesse sur les champs de bataille récents, qui n'est peut-être que l'égal de la mère de Suzette que son fils veut épouser, dit au moins franchement, sans déguisement, à celui-ci : — Je t'ai donné un nom que tu ne dois pas amoindrir, Suzette ne peut être ta femme, et si tu l'épouses, au lieu de l'élever jusqu'à toi, tu t'abaisseras jusqu'à elle.

Note D, *page* 21.

Lors de l'élection des députés aux états-généraux, le nombre des membres de la noblesse du bailliage du Nivernais et Donziais comparant et votant, soit en leurs noms, soit en vertu de procuration, et ils se présentèrent presque tous, ne s'éleva qu'à 102. Le territoire, ou la partie du Nivernais qui forme maintenant l'arrondissement de Clamecy, ne put envoyer que quatre nobles : M. Duquesnoy, de Morache ; M. de Saint-Phal, de Beaulieu ; M. de Labussière et M. de Charry-Lurcy (M. de Chabanne, de Cuncy, était alors décédé laissant un fils mineur). Depuis, ces noms ont disparu de l'arrondissement, et ce qui semble confirmer ces faits, c'est le discours prononcé le 8 octobre 1828, sur le pont de Bethléem, par M. Dupin père, alors sous-préfet, à l'occasion de l'inauguration du buste de Jean Rouvet, en présence de toutes les notabilités de la ville, et qu'il termina ainsi :

« Et vous, honorables descendants de nos anciens marchands de bois, loin de dédaigner la première profession de vos aïeux, pensez à la rendre plus honorable encore. »

Note E, page 22.

M. *** était en grande faveur au château, et il obtint de Louis XVIII beaucoup de distinctions. On rapporte qu'un courtisan, à cet égard, disait :— Le roi l'accablera d'honneurs et de dignités, mais il n'en fera pas un gentilhomme de sa chambre. En effet, lorsqu'on en parlait au monarque, il se contentait de répondre : — Pour faire un civet, prenez un lièvre. A un conseil de ministres, auquel présidait le même souverain, le ministre le plus rapproché de lui porta par distraction la main sur sa tabatière, l'ouvrit et prit une prise de tabac. Le roi, qui s'en aperçut, sonna aussitôt et se fit remettre une tabatière, abandonnant gracieusement l'autre au ministre qui s'en trouva un peu embarrassé. On proposa à Louis XVIII une princesse russe pour le duc de Berry. Une Romanoff! dit le monarque, y a-t-on bien pensé? La maison de Bourbon ne se mésallie pas! Une pareille fierté convient à un personnage de haut lignage comme Louis XVIII, et on y applaudit plus volontiers, qu'elle met à nu la faiblesse des grands eux-mêmes dont elle abaisse l'orgueil.

Note F, page 25.

L'auteur d'*Éleuthérie* vient de mourir presque subitement. Cet ouvrage restera donc avec ses erreurs comme avec ses qualités, et mes observations critiques n'atteindront pas leur but; je devrais peut-être les supprimer : cependant, comme elles ont déjà paru, je les laisse. La perte de notre anonymie est d'autant plus regrettable, qu'elle pourra priver, si le jugement qu'il a obtenu n'était pas infirmé, la fabrique de l'église de Clamecy de l'espoir d'une grande ressource; car il n'avait demandé et obtenu la nullité de la donation de l'une des cloches, que pour arriver, à ce qu'il paraît, à lui faire donner, par une refonte, le poids qui avait été fixé. Lorsqu'on lui parlait de ces cloches qui avaient donné lieu à un procès dont les plaidoiries avaient révélé quelques faits curieux, il disait plaisamment : *Elles font plus de bruit qu'elles ne sont grosses.* Déjà le silence se ferait sur son nom qui a eu naguère un si grand retentissement, sans la découverte de son testament (1) qui a trompé l'attente de ses héritiers (on a été étonné qu'il ait oublié l'un d'eux qui lui était dévoué, qu'il admettait dans son intimité et qui, en dernier lieu, avait plaidé pour lui avec énergie et un grand talent) et de tant d'autres personnes, et qui donne lieu à un procès dans lequel on paraît lui dénier l'exercice des actes de la vie civile. C'était l'un des hommes les plus heureux de son époque; une belle fortune lui avait permis de satisfaire son goût pour les arts et de se livrer à des études sérieuses. Indépen-

(1) Une charmante causerie a révélé l'existence d'un autre testament antérieur de 15 jours : ils paraissent avoir été remis en même temps par M. B... à sa femme, sa légataire universelle par le dernier en date. Suivant le premier, après quelques legs particuliers, il donne le surplus de sa fortune à ses exécuteurs testamentaires. Question de savoir, dans le cas où la demande en nullité du dernier testament, formée par les héritiers B....... contre sa femme, serait rejetée, si on peut induire du dernier testament une révocation du premier. Sans doute, dit on, il ne faut plus voir dans le premier testament que des legs particuliers, mais ces legs particuliers ne faisant pas obstacle au legs universel, l'un et l'autre testament peuvent recevoir leur exécution. Le dernier ne révoque virtuellement que l'institution universelle portée dans le premier. D'un autre côté, on fait valoir des moyens qui ne sont pas moins sérieux. L'affaire se complique encore de la découverte de deux autres testaments lacérés et déchirés dont on a trouvé les morceaux dans les poches d'un habit de M. B..... laissé dans sa maison à Paris. On croit pouvoir faire revivre ces testaments en en rapprochant les débris.

dant par sa position et par caractère, il ne subissait aucune
influence ; le procès des cloches le préoccupait si peu qu'il
ne voulut même pas assister aux plaidoieries, et il eût été
aussi indifférent à la perte qu'il l'avait été au succès ; il ne
connut jamais la douleur qui vient de Dieu ni celle qui vient
des hommes, et, ce qu'il y eut de plus grave et de plus sérieux dans sa vie, c'est sa mort, et encore fut-elle aussi douce
que possible, car il ne fut pas malade et il n'eut que quelques heures d'agonie ; il ne reçut donc pas les consolations
de la religion, et ni un parent ni un ami ne purent recueillir
sa dernière parole ni lui faire entendre un dernier mot d'af-
fection. Il avait de la singularité, mais c'était surtout dans
les manières, ce qui ne lui ôtait rien de son mérite, car les
jugements comme les idées sont de l'ordre intellectuel ou
moral. Ce qui vient justifier notre appréciation, ce sont les
paroles suivantes prononcées par l'avocat de Madame B.....
sur un incident relatif au dernier procès : —Comment! vous
osez dire que M. B..... n'était pas sain d'esprit, lui qui, dans
le procès des cloches, a eu plus de perspicacité et de finesse
que certain corps délibérant...

Dans les sociétés, on faisait cercle autour de lui pour l'entendre déclamer, raconter ou chanter, et s'il s'apercevait
que quelques personnes riaient à ses dépens, il disait : *Elles
croient se moquer de moi, c'est moi qui me moque d'elles.* Ses
écrits ne sont pas toujours empreints d'une morale irrépro-
chable, et il avait sur quelques-unes de nos meilleures institutions de très-fausses idées. Il ne sut jouir de rien. Malgré ses excentricités, il allait dans le monde où il se faisait
remarquer par son esprit caustique ; il disait, avec une
grande liberté, son sentiment sur les hommes et sur les
choses ; il se croyait un homme supérieur par son mérite et
par ses talents, et sous un extérieur d'une grande simplicité
et sous des formes modestes il laissait apercevoir de l'orgueil et de la vanité. Il ne chercha pas des amis, une famille, les douceurs de la vie. Sachons-lui gré, toutefois, de
sa franchise, bien qu'il fût quelquefois cyniquement sincère.
Ennemi du luxe et de la dépense, il s'était restreint au plus
strict nécessaire, et, comme Diogène, il eût volontiers bu

dans le creux de sa main. Il conserva jusqu'au dernier moment une lucidité d'esprit et une netteté dans les idées vraiment étonnantes à son âge (il avait 84 ans). Sa mémoire était prodigieuse et, peu de jours avant sa mort, dans une réunion dont je faisais partie, il récita les plus beaux morceaux de nos poëtes tragiques ; il chanta ensuite, puis il imita assez bien le son du bourdon de Notre-Dame de Paris, et, sur la demande qu'on lui en fit, il rendit le son des cloches de Clamecy avec une telle discordance entre elles que tous les assistants rirent beaucoup. J'ai dit ailleurs ce que je pensais de ces cloches.

Note G, page 34.

Le révérend père Félix, dans ses conférences, dit : « S'il y a une égalité vraie que consacre le christianisme, il y a une égalité fausse que repousse le christianisme, c'est l'égalité de condition et de rang ; égalité révolutionnaire, exagération systématique de l'égalité. Du moment que les hommes s'assemblent pour former dans l'unité un tout harmonieux, l'inégalité naît d'elle et la hiérarchie sociale s'épanouit dans l'égalité humaine.

« Passer sur toutes les conditions sociales un même et inflexible niveau, c'est outrager la société et la nature ; c'est la dégradation sociale, parce qu'au lieu d'appeler à monter, ce système force à descendre ; il est la servitude sociale, parce qu'il est dans sa nature de faire mourir la liberté (1) ;

(1) Massillon, dans son sermon sur la grandeur de Jésus-Christ, définit ainsi la liberté : « Les souverains ne peuvent être grands qu'en se rendant utiles aux peuples, et leur portant comme Jésus-Christ, la liberté, la paix et l'abondance. Je dis la liberté, non celle qui favorise les passions et la licence... non celle qui s'élève contre l'autorité légitime... il n'y a de bonheur pour les peuples que dans l'ordre et la soumission : pour peu qu'ils s'écartent du point fixe de l'obéissance, le gouvernement n'a plus de règle : chacun veut être à lui-même sa loi ; la confusion, les troubles, les dissensions, les attentats, l'impunité naissent bientôt de l'indépendance...

il est la spoliation sociale, il commence par demander la division indéfinie de la propriété et il finit par exiger la suppression de toute propriété pour aboutir au communisme. La fraternité est la communication volontaire de ce que l'on a et de ce que l'on est soi-même pour le bonheur et le perfectionnement des autres. Donner volontairement aux autres sous l'inspiration de l'amour, quelque chose de soi-même, c'est faire acte de fraternité, parce que l'unité entre plusieurs, qui est la vie intime de la fraternité, ne se manifeste que par cette communication.

« Au contraire, plus un homme attire à soi ce qui est à autrui, plus il exige qu'on donne à lui-même, moins il est fraternel. Celui qui donne ou qui veut donner fait preuve de fraternité. Celui qui veut prendre ou ne veut que recevoir fait preuve d'individualisme. »

Il est vrai qu'il y en a qui ont une singulière manière d'entendre l'égalité. L'égalité, pour eux, c'est le nivellement qui abaisse tout ce qui est au-dessus d'eux, qui fait disparaître les distinctions qui offusquent leur vanité. Ils veulent bien de cette égalité qui ruine les uns pour enrichir les autres, pourvu qu'ils soient parmi les riches; mais de cette égalité qui unit les cœurs, qui dissipe les haines, qui rapproche les distances sans anéantir le respect, qui annoblit le pauvre comme le riche, ils n'en veulent pas.

a liberté que les princes doivent à leurs peuples, c'est la liberté des lois.... »

Lamennais dit aussi : « Le trouble, les dissensions, les discordes, la guerre ne sont entrés dans le monde que par la violation de l'ordre... Point de paix dans l'homme dont les pensées, les affections, les volontés ne sont pas conformes à l'ordre, à la vérité et à la volonté de Dieu ; point de paix dans la société dont les doctrines et les lois s'écartent de la loi et des doctrines révélées de Dieu. »

C'est donc à tort que l'on se sert du nom sacré du Christ pour bouleverser la société, pour exciter les peuples, les insurger contre une certaine classe de citoyens. Jésus-Christ ne fait acception de personne. Ne réunit-il pas les grands avec les petits autour de sa crèche?

Note II, *page* 37.

Le révérend père Félix, que j'ai eu l'avantage d'entendre plusieurs fois, a consacré bien des conférences à l'éducation. Après avoir montré séparément la fonction de la puissance et de l'autorité dévolue au père, et la fonction de l'amour et du dévouement départie à la mère, il caractérise le ministère de l'un et de l'autre, qui consiste à élever l'enfant. Il le prend au berceau et il le fait passer par l'enfance, puis par l'adolescence avant d'arriver à·la perfection de l'âge. Ces conférences ont servi de texte à bien des sermons. Dans l'une d'elles il dit : « L'homme pour arriver à son légitime développement, c'est-à-dire pour être vraiment un homme, l'homme parfait, a besoin d'être élevé; il lui faut une action qui le complète et l'achève... Élever une vie humaine, c'est faire le progrès d'un homme.... L'homme ne vaut pas comme homme par le seul fait de ses facultés et de ses puissances natives, il vaut par le degré et par l'harmonie de leur développement... »

Note I, *page* 45.

Depuis l'origine des chemins de fer en France, les statistiques constatent qu'il n'y a eu qu'un seul voyageur tué sur deux millions de voyageurs transportés, et qu'un blessé sur 500,000 voyageurs transportés.

Par les messageries et suivant des relevés faits pendant 10 ans, il y a eu un voyageur blessé sur 30,000 transportés. Ce qui semble venir à l'appui de ce triste résultat, c'est le proverbe espagnol qui dit : que celui qui monte à cheval a un pied dans la fosse et que celui qui monte en voiture en a deux.

Note J, *page* 85.

Un roi de France, François Ier, passant à Clamecy, dit à son entrée dans l'église et en apercevant le renflement ou la courbure de deux piliers : *Voilà une belle ratoire.* C'en fut assez pour jeter l'inquiétude dans les esprits. Pour les rassurer, des traverses en bois furent placées. Cet état de choses a duré pendant plus de trois siècles. En 1825 ou 1826, M. Esselin, alors curé, s'imagina que l'église allait crouler; il cessa d'y célébrer le service divin qu'il transféra à la chapelle Saint-Roch. Lorsque la Révolution de 1830 éclata, il s'imagina encore que les flotteurs, qui sont de bons ouvriers sans méchanceté, allaient lui faire un mauvais parti; il abandonna sa cure et partit sans qu'aucun flotteur courût après lui. Le moment devint bientôt favorable pour restaurer l'église. M. Guillaumet, curé actuel, fit de fréquents voyages à Paris et d'incessantes démarches, et sur la recommandation de M. Dupin, l'église fut classée parmi les monuments historiques, et des sommes considérables furent accordées pour la restaurer. Les traverses furent remplacées par un baldaquin en pierres, qui n'est guère plus gracieux que les traverses, et qui a le désavantage de rompre l'harmonie du style de l'église. Les travaux ont marché lentement; ils ne sont même pas encore terminés, et pendant longtemps les frayeurs se sont renouvelées, parce que l'architecte dernier arrivé avait toujours un nouveau mode de consolidation à proposer. C'était le travail de Pénélope.

Le portail qui est magnifique, surtout par ses belles sculptures, semblait n'exiger qu'une réparation facile. Eh bien ! on a enlevé des pierres tendres dont la sculpture était un peu endommagée, pour les remplacer par des pierres de Chevroche, extrêmement dures et d'une sculpture difficile : aussi elles sont encore à l'état de corbeaux (1). On vient de remplacer l'autel en bois par un autel en pierre, qui est magnifique et très-bien sculpté. Des stalles et des grilles d'un bon goût ornent maintenant le chœur. Lorsqu'on aura fait disparaître, et il semble qu'on aurait dû commencer par là, les coups de truelle et les raies de ciment qu'on aperçoit sur les murs et sur les piliers, il n'y aura plus à désirer qu'un orgue,

(1) Ces pierres ont été fort heureusement conservées, et ce qu'il y aurait de mieux à faire serait de les remettre où elles étaient.

des statues, des tableaux et un chemin de croix; mais ce qu'il conviendrait de faire disparaître dès à présent, c'est un cordon peu convenable en raison du lieu (1), qui, deux fois par semaine et les jours de foire, cerne en partie l'église et en gêne l'accès au midi.

Note K, page 86.

Cette ingratitude éclata surtout au moment de la révolution de 1848. M. Dupin fut alors l'objet des attaques les plus injustes de la part, il faut le dire, d'un bien petit nombre de personnes entraînées par les passions politiques. On créa à Clamecy, un journal qui n'eut qu'une existence éphémère, pour combattre sa candidature, ce qui ne l'empêcha pas de triompher et de continuer à servir les intérêts du pays. Que pouvaient contre lui quelques articles de ce journal dont les auteurs, en d'autres temps, avec plus de calme et un peu de réflexion, reconnaîtraient avec leurs compatriotes que M. Dupin est, comme l'a dit en chaire, un célèbre prédicateur, la gloire du pays, et qu'il ne lui a jamais fait que du bien. M. Dupin a-t-il même jamais répondu à certains folliculaires et faiseurs de biographie? Non; il a trop le sentiment de sa dignité : sa vie et ses actes répondent suffisamment à ces attaques. C'est de lui qu'on peut dire, en faisant un emprunt à *la Henriade* :

Dès qu'il put se venger il en perdit l'envie.

(1) Les charrettes et les animaux qui ont servi à amener des grains à la halle stationnent le long de l'église, et après 3 à 4 heures il reste encore des débris de paille et de foin et le crottin des animaux. Il suffit de signaler ce fait pour que l'autorité prenne les mesures nécessaires pour l'empêcher, comme elle empêcha, il y a environ 44 ans, d'étendre du linge autour de l'église; elle fit même arracher les tilleuls qui servaient à fixer les cordeaux.

Note L, page 100.

La Grotte des Fées, creusée et abandonnée, tout porte à le croire, par le torrent, après s'être fait un lit plus profond, est sur la rive droite, au fond d'une vallée resserrée entre deux montagnes couvertes de bois et dont la pente est très-rapide; elle est entourée de buis aux teintes sombres, servant aux aspersions, et dont les rameaux la couvrent et l'enveloppent. Les fées, dont elle était la retraite, disparurent à la naissance du Christianisme; mais les traditions populaires et le prestige de la Grotte se sont longtemps conservés; on n'y pénétrait qu'avec une certaine crainte : ces fées présidaient aux naissances, et bien souvent celle qui n'avait pas été invoquée détruisait ce que l'autre avait fait. On faisait voir, et avec un peu de bonne volonté on croyait voir dans la Grotte le siége des fées, l'empreinte de leurs pas, l'endroit où l'une déposait sa quenouille et l'autre sa baguette magique. Sur le plateau de Narveau, au milieu de la forêt de la rive gauche, des danses avaient lieu à une certaine époque de l'année ; on s'y rendait en foule; les jeunes filles et les jeunes garçons y accouraient de toutes parts, parce qu'on s'imaginait que les fées, dont la grotte était presqu'en face, se mêlaient aux danses, favorisaient les alliances et déjouaient les intrigues amoureuses qui devaient avoir un mauvais résultat.

Depuis 20 ans environ, plusieurs jeunes gens, dirigés par un ancien officier, ont roulé près de la grotte des pierres énormes, l'ont réparée, agrandie, embellie, mais en même temps ils lui ont fait perdre le cachet de son époque, le mystère et le charme qui l'entouraient.

Je me la rappelle toujours avec plaisir. Mon frère aîné aimait cette retraite; il y travaillait durant les chaleurs de l'été et lorsque les eaux étaient basses; il m'emmenait souvent avec lui, bien que j'eusse désiré quelquefois m'en dispenser, car il fallait traverser le ruisseau en mettant le pied sur une roche, puis sur une autre, et elles étaient assez espacées et un peu glissantes, ce qui ne me rassurait pas beaucoup.

Pour m'encourager, il me disait : l'homme qui veut contempler en face la gloire de Dieu sur la terre, doit contempler cette gloire dans la solitude. Comment ne pas aimer à contempler les sombres vallées, les roches grisâtres, les eaux qui se précipitent avec fracas, les forêts dont les teintes noires suivent le mouvement des vents, et les orgueilleuses montagnes qui regardent tout d'en haut ? Mon frère était plus studieux que moi, et, bien que je fusse entré en même temps que lui chez le Révérend Père Christophe (1), il finit ses études avant moi ; il offrit alors son concours à M. Christophe qui le chargea de la 5e et de la 4e.

Deux ans après, mon père, qui connaissait ses sentiments religieux et qui l'aurait vu avec plaisir entrer dans les ordres, sonda ses dispositions. Mon frère, sans se rendre compte de son penchant à cet égard, ne vit dans cette ouverture que deux avantages : d'être agréable à son père et de pouvoir continuer ses études ; il entra au grand-séminaire d'Autun où il fit sa philosophie et sa théologie ; mais ne se sentant pas de vocation pour l'état ecclésiastique, il entra dans l'enseignement qu'il quitta bientôt pour suivre à Paris des cours à la Faculté de médecine. La France était alors en guerre avec presque toutes les puissances de l'Europe : il fallait des hommes pour remplacer ceux que la guerre dévorait, et des appels continuels étaient faits ; il fut obligé de partir, et peu de temps après il se trouvait comme sous-officier au siége de Dantzick où le 21 mars 1813 il fut atteint par un boulet.

Par sa bonté, sa modestie et son affabilité, il était devenu l'objet de l'amour et presque du respect de toute la famille. Qu'on juge par là de la douleur et de l'affliction que sa mort lui causa ! C'était un digne et noble cœur ; il était doué des plus grandes qualités : à une instruction solide il joignait les plus grandes connaissances ; il parlait très bien le latin et

---

(1) M. Christophe était un ancien Bénédictin de beaucoup d'esprit et d'un grand savoir, qui surveillait avec un grand soin les jeunes gens qui lui étaient confiés. A la première Restauration il quitta l'enseignement et reprit l'état ecclésiastique.

avait appris sans maître l'anglais et l'italien ; il avait un talent remarquable de narration ; il a laissé plusieurs manuscrits qu'il se proposait de retoucher.

Note M, page 101.

Plusieurs personnes auraient désiré que dans ma brochure ayant pour titre : *Correspondances et Souvenirs de Voyages,* j'eusse donné plus d'étendue aux faits relatifs à Clamecy. Ecrivant la relation de mes voyages, il ne pouvait entrer dans mon plan de faire l'historique des villes où je passais ; j'ai voulu seulement raconter ce que j'ai senti plutôt que ce que tout voyageur a vu ou peut voir comme moi. Est-ce que d'ailleurs il n'existe pas plusieurs histoires de Clamecy ? Je savais en outre que M. Marlière, sous-préfet, sous le titre modeste de statistique, se proposait de faire l'histoire de toutes les villes de l'arrondissement de Clamecy. Cet ouvrage, dont il a bien voulu me donner un exemplaire, a paru en effet fin mars 1860 ; on peut dire que c'est le fruit de longues et minutieuses recherches, un travail complet, écrit avec une méthode et une clarté remarquables et qui facilitera singulièrement le travail de ceux qui s'occupent de statistiques partielles (1), je ne puis donc que me féliciter de n'avoir qu'effleuré tout ce qu'il y avait à dire de Clamecy. M. Marlière a rappelé les faits historiques ; cependant il lui en est échappé quelques-uns qui ne sont pas sans impor-

(1) La fureur de statistique n'a jamais été poussée aussi loin que de nos jours. On a calculé que dans les guerres qui ont eu lieu depuis la création du monde, il a péri quinze milliards d'hommes qui ont versé 5,560,600 barriques de sang. — Que la population du globe était de 1,283,000,000, et qu'à ce taux la moyenne des décès, par minute, était de 61. — Qu'il tombait, pendant une très-petite pluie, par minute et sur un hectare de terrain, 1,800,026 gouttes d'eau ; — et que d'après le calcul d'un député parlant sur le budget, le revenu total de la France était de 12 milliards, ce qui donnerait par jour et par tête, 87 centimes et demi, ou par famille composée du père, de la mère et de deux enfants, 3 fr. 50 c., et encore si ce revenu, tout modique qu'il soit, était assuré !

tance, notamment les suivants : pendant la régence de Marie de Médicis et à l'occasion des divertissements qu'elle prenait dans ses appartements, ses préférences avaient enflammé la colère de plusieurs dames de la Cour. L'une des plus considérables était la duchesse de Nevers qui donna des preuves de cette disposition en détachant du parti de la Cour Charles de Gonzague, son mari. De son côté la comtesse de Soissons, qui voulait se venger du maréchal d'Ancre et de sa femme, fit rejaillir sa haine sur leur protectrice. Le duc de Bouillon, profitant de ce mécontentement, concerta un soulèvement général pour forcer la régente à le rechercher, et quitta la Cour entraînant dans son parti Condé et d'autres princes et seigneurs qui se retirèrent dans les provinces. Clamecy, qui dépendait du duché de Nevers, tint pour les princes révoltés. Le cardinal de Gonzague s'enferma avec ses hommes d'armes dans la ville. Cependant le prince de Condé fut arrêté et des ordres furent donnés pour prendre toutes les petites places que les mécontents occupaient. Le maréchal de Montigni vint faire le siége de Clamecy, et le 10 mai 1617 il fit avancer le canon jusqu'au bord des fossés, au quartier de Beuvron. Avant d'en venir aux voies de rigueur, il fit demander les clefs de la ville et la soumission des habitants à leur souverain légitime. Les échevins se réunirent aussitôt et convinrent de faire ce qu'on leur demandait; ils déléguèrent en conséquence deux d'entre eux pour porter les clefs de la ville et faire la soumission. La conduite de ces deux échevins, dont les noms sont restés inconnus, faillit livrer la ville à toutes les horreurs d'un siége, et l'exposa toutefois aux conditions les plus dures. Une contribution de 24,000 livres et une autre de 16,000 pour racheter les prisonniers, furent imposées aux habitants. Le cardinal de Gonzague fut pris et emmené à Bourges. L'armée entra dans la ville qui, pendant trois jours, fut livrée au pillage. Le faubourg de Beuvron particulièrement souffrit beaucoup.

Deux ans après, M. Delavau, notaire, à qui un militaire avait prêté son cheval pour aller trouver le maréchal Montigni, afin de lui présenter l'obligation reçue par lui, n'ayant pu, par un fait indépendant de sa volonté, représenter le cheval, fut cité en paiement du prix ; mais il intervint une transaction dans laquelle les échevins prirent la dette à leur charge. Sous le règne suivant il s'éleva entre les fonctionnaires de la ville un conflit pour le droit de préséance dans les cérémonies publiques, ce qui divisa la ville en deux camps. Les esprits s'échauffèrent si bien que, pour rétablir le calme, on fut obligé de recourir à l'autorité du roi, et une ordonnance de Louis XIV intervint pour régler la marche de messieurs les fonctionnaires.

Un dernier mot sur l'ouvrage de M. Marlière :

Il fait une légère critique de la voirie urbaine de Clamecy, et rappelle encore qu'un grand nombre de communes qu'il indique a fourni son contigent à l'insurrection du 5 décembre.

J'ai parlé autre part des constructions de Clamecy qui doivent, avec celles en projet, transformer la ville ; elles sont maintenant terminées ; elles frappent par un caractère de grandeur et sont l'objet de l'admiration des uns et de la critique des autres ; c'est bien le cas de dire :

> . . . . Est bien fou du cerveau
> Qui prétend contenter tout le monde et son père.

L'Hôtel-de-Ville, il est vrai, et la halle ne font qu'un tout. l'un est au-dessus de l'autre, le même toit les couvre, ce qui, pour la dénomination, fait naître un doute qui rappelle certains vers sur Zapeta Pascal.

En prenant le nom le plus noble, l'Hôtel-de-Ville, avec le cadran qui le surmonte, ses deux colonnes à la base et ses deux prolongements garnis de grilles, a un bel aspect ; sa façade, au midi, sur la place de l'église, est régulière, très-bien sculptée ; mais vu de la place du Grand-Marché, le monument masque, au lieu de la dégager, une partie de l'église, en telle sorte, que la grande cheminée, à l'extrémité Est, s'emboîte dans une des cannelures de la tour. Le monument paraît de biais par rapport au portail de l'église et aux maisons qui entourent les autres parties de la place. La salle du conseil et les autres pièces, en grand nombre (autres que les deux sallons), quoique en général trop petites et laissant à désirer quant à la distribution, sont parfaitement décorées. Le salon des mariages, comme grandeur et bon goût, peut satisfaire toutes les exigences. Le grand salon est décoré avec un grand luxe ; mais deux piliers qui paraissent soutenir une charge considérable (1), le déparent un peu et en rompent l'harmonie ; il est éclairé par douze fenêtres qui semblent un peu petites, et il n'a qu'une cheminée. Il y a au Louvre le salon des Sept Cheminées, ainsi nommé parce qu'il n'y en a pas une seule : on pourrait donner ce nom à celui de Clamecy, peut-être plus grand, parce qu'une seule cheminée pour pareille pièce, c'est comme s'il n'y en avait pas. On ne paraît pas encore fixé sur la destination de cet immense salon : en attendant on y danse. Cependant il a été question, en dernier lieu, d'un musée où l'on placerait le produit des arts et de la nature, et particulièrement le portrait des hommes illustres de la Nièvre, sans doute morts depuis plus d'un an ; car, sauf de rares exceptions,

> . . . . . Quoi que fasse le grand homme
> Il n'est grand homme qu'à sa mort.

C'est une idée heureuse ; mais il faudrait alors pour que les tableaux soient convenablement éclairés, qu'ils ne reçussent le jour que d'un côté, ce qui, sans toucher aux décors ni aux fenêtres, serait facile. Un tableau, avec un cadre doré et un jour qui lui convient, produit de l'effet et excite l'admiration.

Le Palais-de-Justice, au fond de la place des Barrières, est presque achevé ; sa façade sur cette place est magnifique ; ses pavillons, au Midi et au Nord, sont très-bien décorés, et sont reliés, par le principal corps de bâtiment destiné pour la salle d'audience du Tribunal civil ; seulement dans le périmètre se trouvent les prisons et la caserne dont l'élévation

(1) On vient de décharger le plafond, sans doute par mesure de précaution.

écrase le palais déjà si peu élevé. D'un autre côté, la caserne dépasse le palais sur la voie publique, et la salle du Tribunal civil est à l'extérieur aussi simple que les pavillons sont riches. On dirait, vue du bas de la côte de la Mirandole, un simple couloir qui rappelle le tournant de l'écureuil avec ses pavillons de retraite. La distribution et l'appropriation des pièces ont été l'objet de réclamations, et laissent à désirer, il est vrai, quelque chose de mieux. Ce qui peut expliquer pourquoi le pa'ais paraît si peu élevé, c'est son emplacement dans un marais, au pied de la Mirandole, entre la rivière et le canal.

La caserne est sur la rue dans l'alignement des autres maisons; on y entre de plain-pied de la rue; c'est peut-être un inconvénient. Il était si facile, pour lui donner plus d'aisance et pour la protéger, de la faire précéder de la cour que l'on a placée derrière! Le gendarme à cheval sera obligé de mettre pied à terre dans la rue et de traverser la cour du palais et celle de la caserne avant d'arriver dans les écuries, si, comme on paraît en avoir le projet, on place une grille en avant de la petite cour.

Quoi qu'il en soit, il est peu de travaux d'une aussi grande importance qui aient été exécutés aussi bien et aussi vite, et la beauté des constructions fait oublier les vices des plans et quelques défauts qu'il n'est peut-être pas toujours possible d'éviter. Bien des villes de 30,000 âmes n'ont pas un hôtel-de-ville, un palais-de-justice, une halle, des prisons et un abattoir aussi vastes que ceux qui viennent d'être élevés à Clamecy qui a à peine 5,000 âmes.

C'est d'un bon augure pour la voirie urbaine qui laisse tant à désirer, pour l'éclairage au gaz, pour un hospice, pour l'ornement intérieur de l'église, et pour une machine hydraulique dont le besoin se fait sentir chaque jour davantage.

En attendant, Clamecy aura son chemin de fer.

Le dernier tracé d'Auxerre à Clamecy passe un peu au-dessus de la Chapelle de Saint-Roch, entre dans le parc et traverse le faubourg de Beuvron. La gare serait établie au-dessous de la côte, et on y arriverait, à ce qu'il paraît, par un boulevard qui partirait de la rue Basse, entre le bureau télégraphique et le pont du canal.

La ville de Courson demande une rectification de cette première partie du tracé, et, faisant valoir une économie de 10 kilom. dans le parcours, et l'avantage que le tracé procurerait, en le rapprochant ainsi de la Puisaye, cette contrée si fertile de l'Yonne, elle réclame le tracé par Courson.

Quelle ligne suivra ensuite le chemin de fer en quittant Clamecy pour arriver à Nevers ? Bien que les hommes de l'art ne se soient pas prononcés et que des études soient à faire, les projets abondent ; chacun, suivant son intérêt (il y a des personnes qui demandent que le chemin de fer passe près de leurs propriétés pourvu qu'il n'y touche pas) présente le sien et dit : *Prenez mon ours.*

Il y a le tracé par la vallée de l'Yonne ;

Le tracé par la vallée de Varzy ;

Et le tracé par la vallée du Beuvron.

La vallée de l'Yonne, dont on voulait pousser trop loin le parcours, est menacée de tout perdre ; on a beau rappeler les nombreux avantages qu'elle présenterait, les grands intérêts qu'elle satisferait, les villes (Tannai, Lormes et Corbigny) qu'elle desservirait, les nombreux et populeux villages qui sont sur ses bords, tous les bois qu'elle sert à conduire sur les ports de Clamecy, les bœufs que des toucheurs mènent par son parcours à la gare d'Auxerre pour les marchés de Sceaux et de Poissy, etc.; ces avantages ne sont plus rien. La principale objection contre ce tracé consiste à dire que la vallée de l'Yonne est déjà dotée du canal du Nivernais, comme si ce canal pouvait transporter les voyageurs et les animaux, comme si avec le canal il pouvait être question de grande et même de petite vitesse, et comme si le canal ne chômait pas en été pour les réparations et en hiver pour les gelées. La faveur qui s'attachait à cette ligne se reporte, en faisant une longue enjambée sur le Beuvron, vers la vallée de Varzy qui est reléguée au coin le plus reculé de l'arrondissement de Clamecy, à l'Ouest, à proximité de Cosne où passe déjà un chemin de fer.

La fortune et les flots sont changeants.

Ce tracé par Varzy n'est pas le plus court, et il a le désavantage, tout en satisfaisant moins d'intérêts, de déshériter plus des cinq sixièmes de l'arrondissement de Clamecy ; tout le centre et toute l'extrémité Est du département de la Nièvre.

La vallée du Beuvron est entre les deux autres, éloignée de la vallée de l'Yonne et très-rapprochée de celle de Varzy. Son trajet de Clamecy à Nevers est le plus direct, le plus court, le plus avantageux, sans courbes et présentant le moins de difficultés ; mais comme elle a peu de personnages influents sur son parcours ; qu'elle n'a que de belles fermes, des agronomes et des éleveurs, elle n'est pas appuyée ; elle reste seule, silencieuse, regardant ses deux compagnes s'agiter à ses côtés. Pourquoi aussi tient-elle un juste milieu en discrédit depuis si longtemps ?

Un nouveau comité, le comité du Haut-Nivernais, vient de surgir pour tâcher de relever et de faire valoir la vallée de l'Yonne. Ses raisons sont péremptoires ; mais il a le tort de vouloir encore aller trop loin et de ne pas s'arrêter à Chitry pour aller à Nevers. Sans doute tous chemins mènent à Rome : est-ce à dire pour cela qu'il faille toujours prendre le chemin des écoliers ? Si ce comité modifiait son tracé, on pourrait suivre la vallée du Beuvron jusque vers Rix ou Thurigny, et gagner ensuite la vallée de l'Yonne en passant vers Amazy, Lys, Dirol, Chitry et Guérigny. Les hommes de l'art l'ont compris ainsi, car les poteaux sont dans cette direction. Le dernier est au delà de Baugé.

Le comité du Haut-Nivernais s'appuie, il est vrai, sur le décret d'utilité publique et sur la loi, pour arriver à Cercy-la-Tour ou entre Cercy-la-Tour et Décize. Mieux vaudrait encore faire le circuit pour arriver à Nevers que de suivre la vallée de Varzy. Moins d'intérêts seront froissés.

Pour concilier tous les intérêts, il faudrait qu'à Clamecy et à partir de sa gare le chemin de fer se bifurquât, pour, un embranchement se diriger en avant vers la vallée du Beuvron ou si l'on veut vers celle de Varzy, et l'autre vers la vallée de l'Yonne que l'on suivrait alors aussi loin qu'on voudrait. Une Compagnie sérieuse se propose, dit-on, de faire ces embranchements : il est à désirer qu'on l'accepte, si toutefois la subvention qu'elle peut demander n'est pas trop forte, car il faut avant tout ménager les deniers de l'État.

Une bifurcation en tout autre endroit qu'à Clamecy amoindrirait son commerce de bois en le décentralisant, et enlèverait aux flotteurs dont la classe est si nombreuse et si intéressante, leur principale ressource ; car on ne peut se dissimuler que les wagons serviront à conduire à Paris, sinon la majeure partie des bois, au moins les bois neufs ou non flottés qui arrivent en si grande quantité sur les ports de Clamecy et qui exigeront encore certains travaux, tels que l'empilage, le chargement, etc. Par ce moyen de transport, le marchand de bois de Paris trouvera notamment l'avantage, par la facilité qu'il aura, avec un chantier moins considérable et par conséquent d'un prix moins élevé, de s'approvisionner en quelques heures, en tout temps et en toute saison.

Les comités, et il y en a six, les commissions et les commissaires, par leurs réclamations diverses et par leurs démarches, se croisant en tous sens, ne font, sans doute contre leurs intentions, que créer des embarras et apporter du retard dans l'exécution du chemin de fer. Il est d'autant plus urgent de mettre un terme à ces tiraillements et de se mettre promptement en mesure, qu'un déplacement des fonds alloués pourrait avoir lieu.

Qu'on laisse faire le gouvernement et les hommes de l'art, le chemin sera ce qu'il doit être et il desservira *deux villes importantes, Auxerre et Nevers*, et, par la section du Guétin. il conduira à Bourges, siége de la Cour Impériale dont ressort la Nièvre.

FIN.

TABLE DES MATIÈRES

Paris, Imp. de L. Tinterlin, rue N^e-des-Bons-Enfants, 3.